Die hermetischen Symbole und ihre Beziehung zur Alchemie und Freimaurerei

Oswald Wirth

Verlag Heliakon

Verlag Heliakon

Originaltitel: Le Symbolisme Hermétique dans ses rapports avec L'Alchimie et la Franc-Maçonnerie
Übersetzer: Osmar Henry Syring

Umschlaggestaltung: Verlag Heliakon

Druck und Vertrieb: BoD - Books on Demand, Norderstedt

ISBN: 978-3-949496-60-8

www.verlag-heliakon.de
info@verlag-heliakon.de

Die Deutsche Nationalbibliothek verzeichnet diese Publikation in der Deutschen Nationalbibliografie; detaillierte bibliografische Daten sind im Internet über dnb.de abrufbar.

Inhaltsverzeichnis

Einleitung

Schon 1894 hatten wir den Plan, ein Buch über Alchemie und Freimaurerei zu veröffentlichen, denn wir glaubten, dass dasselbe Einweihungsprogramm die Abfolge der Operationen des Großen Hermetischen Werkes und die Abfolge der Prüfungen, die die Freimaurer bestehen müssen, bestimmt. Während unsere Studien fortgesetzt wurden, bot sich uns die Gelegenheit, die Ergebnisse nacheinander zu veröffentlichen. So erschienen nacheinander die Artikel, die Ende 1909 in der ersten Ausgabe des vorliegenden Buches zusammengefasst wurden.

Unsere unsystematische Sammlung wurde in einer Auflage von 500 Exemplaren gedruckt und so gut aufgenommen, dass sie schnell ausverkauft war. Warum haben wir so lange gebraucht, um eine Neuauflage vorzubereiten? Andere Aufgaben nahmen uns in Anspruch.

Das „Buch des Lehrlings“ verlangte nach den Handbüchern des Gesellen und des Meisters als Fortsetzung; dann wurden wir von dem „Tarot“ in Anspruch genommen, das 1927 herausgegeben wurde und uns die Rückkehr zur hermetischen Symbolik hätte ermöglichen sollen; doch dann drängten sich uns die „Mysterien der königlichen Kunst“ auf.

Erst 1930, also nach 20 Jahren, konnten wir die Arbeit wieder aufnehmen, an die wir immer wieder gedacht hatten.

Da uns der Anfang des Buches von 1910 nicht mehr zufriedenstellte, haben wir uns bemüht, das Thema mit größerer Genauigkeit anzugehen, ohne den Hauptteil des Buches zu verändern. Die Korrekturen beziehen sich auf Details und sollen schwierige Passagen verständlicher machen, ohne den ursprünglichen Sinn zu verändern.

Wir hielten es für notwendig, ein neues Kapitel mit dem Titel: Grundbegriffe der Hermetik hinzuzufügen, das den zweiten Teil eines 1897 erschienenen Bandes mit Anpassungen wiedergibt und nur die Philosophische Medizin enthält, ohne das Auflegen der Hände, einen Bericht über unsere Erfahrungen auf dem Gebiet des Heilmagnetismus.

Alles, was wir über die Alchemie geschrieben haben, ist auf den folgenden Seiten zusammengefasst.

Der Leser wird hier keine methodische Abhandlung finden, aber wir glauben, dass wir ihm einen Dienst erweisen, indem wir ihn dazu zwingen, die Daten, die wir ihm anbieten, zu ordnen. Er sollte sich nicht an den unvermeidlichen Wiederholungen stören oder daran, dass die Darstellungen auf den ersten Blick nicht übereinstimmen. Symbole können nicht nur eine Bedeutung haben: sie können, ohne sich zu widersprechen, gleichzeitig schwarz und weiß sagen, denn die Realität ist komplex und es ist unsere eigene Einfachheit, die sie vereinfachen. Worte täuschen, indem sie vereinfachen, während Symbole die oft unentwirrbare Komplexität der Dinge widerspiegeln.

Wir möchten hier eine Seite wiedergeben, die der Direktor von L'Acacia, unser ausgezeichneter Freund Ch. M. Limousin, im letzten Artikel, den er für seine Zeitschrift verfasste, gewidmet hat.

»Bruder Wirth ist innerhalb der Freimaurerei der Leiter einer Schule, die in früheren Zeiten in Frankreich und anderen Ländern sehr mächtig war: die Schule der Alchemie.

Die alchemistische Freimaurerschule ist die französische Schule, die sich absolut von der englischen Schule unterscheidet. Die französischen Adepten der Freimaurerei führten im 18. Jahrhundert unter dem Einfluss von Faktoren, mit denen wir uns hier nicht befassen müssen, die okkulten Wissenschaften in den Orden ein: Magie, Kabbala, Astrologie, Magnetismus und vor allem Alchimie. Es genügt, einen Artikel von Bruder Wirth zu lesen, um seine Qualifikation als Alchemist zu erkennen. Was ich hier sage, soll ihn nicht herabsetzen; im Gegenteil, ich betrachte ihn als Vertreter einer edlen Tradition. Die Alchemie ist nicht und war nie ausschließlich das, was das normale Volk denkt. Sie war dies, aber auch etwas ganz anderes.

Was allgemein angenommen wird, ist, dass die Alchemie eine Reihe von chemischen Prozessen war, um die Transmutation von Metallen zu erreichen und Gold herzustellen: das Gold, mit dem alles in dieser Welt gekauft werden kann. Früher waren die Dinge so.

Die Alchemisten machten im Laufe ihrer Forschungen und Experimente einige interessante Entdeckungen, aus denen die moderne Chemie Nutzen zog. Die chemische Nomenklatur ist immer noch reich an Begriffen alchemistischen Ursprungs: Azoth, Vitriol, Salpeter, Schwefel, Quecksilber, Salz, usw.

Aber die Alchemie war nicht nur das, sie war auch ein allgemeines wissenschaftliches System. Deswegen waren die Schriftzeichen der Alchemisten auch die Symbole der Astrologen und wurden von den Astronomen beibehalten.

Die Alchemie war auch etwas anderes, und es ist dieser Aspekt, den Wirth förderte. Sie war ein philosophisches System. Diese Identität von Philosophie und Wissenschaft – oder zumindest von dem, was früher als Wissenschaft betrachtet wurde – wird durch den Ausspruch von Hermes Trismegistos ausgedrückt: „Was oben ist, ist wie das, was unten ist, und was unten ist, ist wie das, was oben ist" was bedeutet, dass die Wissenschaft das Abbild der Realität ist und dass man in der Realität das finden muss, was die Wissenschaft lehrt.

Sie war sogar noch mehr: sie war eine Kunst, die Kunst der intellektuellen und moralischen Kultur des Menschen. Das *trinkbare Gold*, das symbolisch hergestellt werden sollte, war die menschliche Perfektion. Es war eine umgekehrte alchemistische Metapher, die Racine in dem berühmten Gedicht „Athalie" ausgedrückt hat: „Wie wurde reines Gold in niederes Blei verwandelt?"

Die Transmutation der Metalle war die Umwandlung von unwissenden, groben, barbarischen und unmoralischen Anthropoiden in gebildete, höfliche und sittliche Menschen. Dieses symbolische Konzept kann mit dem des spekulativen Meistergrades verglichen werden. Das ist die Alchemie, die Bruder Wirth fördert. Er ist kein Bläser und besitzt kein Labor, nicht einmal den kleinsten Athanor (Ofen) in seinem Haus.«

Hinzu kommt, dass unsere Kenntnisse in Chemie rudimentär sind und es uns daher unmöglich ist, die Theorien der alten Alchemisten vom modernen wissenschaftlichen Standpunkt aus zu beurteilen. Die alchemistische Symbologie bezieht sich nicht ausschließlich auf Einweihungswahrheiten, aber wir haben es vorgezogen, nichts anderes darin zu suchen. Wir sind nach wie vor davon überzeugt, dass dieses Gebiet das solideste ist.

Wir betrachten die Alchemie nicht als ein Ziel, sondern als ein mächtiges Mittel, um das Wahre zu erkennen und das Gute zu verwirklichen. Die Einweihung ist einheitlich, auch wenn jede Einweihungsschule ihre eigenen Symbole verwendet. Lassen Sie uns durch Vergleiche und die Übertragung von einer Symbolik in die andere lernen, und es wird uns ein Licht aufgehen.

O. W.

Paris, August 1930.

Die alchemistische Ideografie

Die stumme Lehre

Die frühe Schrift besteht aus Zeichen, die Ideen hervorrufen, wie unsere Zahlen, die in jeder Sprache gelesen werden können und immer die gleiche Bedeutung haben. Im fernen Osten entwickelte sich die ursprüngliche Ideografie durch die Anpassung einer Reihe von Zeichen, die jeweils mit einem Gedankenelement verbunden waren. So ist es für asiatische Gelehrte möglich, sich schriftlich zu verständigen, während es ihnen aufgrund ihrer unterschiedlichen Sprachen unmöglich ist, sich verbal zu erklären.

Eine solche Schrift ist im Alltag nicht sehr praktisch, aber es ist unbestreitbar, dass sie in philosophischer Hinsicht große Vorteile hat, da sie uns zwingt, ohne Worte zu denken. Dies ermöglicht eine lebhafte Sprache, aber sie wird gesprochen, ohne den Geist zu zwingen, sich vorzustellen, was die Laute ausdrücken. Es heißt, dass die Sprache dem Menschen gegeben wurde, damit er seine Gedanken verbergen kann. Vielmehr nutzt er sie, um sich vom Denken zu befreien: wir reden viel, um nichts zu sagen.

Diese Nachteile der Sprache sind den wirklich besonnenen Denkern nie entgangen, die es immer abgelehnt haben, sich vom Lärm der Worte betäuben zu lassen. In der Überzeugung, dass die Meditation den Menschen über das belehrt, was er am meisten benötigt, haben sie *Schulen des Schweigens* gegründet. Dort wird der Schüler nicht indoktriniert, keine Predigt verwirrt ihn, sondern er wird mit sich selbst und der Erfahrung der Stille konfrontiert. Es kann sein, dass ihm Dinge, Bilder und Symbole nichts suggerieren, sein Verstand träge ist und er nicht zum Denken angeregt wird. In diesem Fall verschwendet er seine Zeit in der Schule der Weisen: ihm fehlt die Inspiration und deshalb wird er zu den Pädagogen gehen, die ihm sagen werden, was er denken soll.

Angenommen jedoch, dass dies nicht der Fall ist, und dass der Anwärter durch das, was er sieht, Anregungen bekommt. Das ist normal für einen aktiven Verstand, der dazu neigt, selbstständig zu denken. Damit sind wir wieder bei der Meditation angelangt, die aber auch genährt werden muss. Worüber sollte der Anwärter meditieren?

Zunächst einmal über die Handlungen, an denen seine Lehrer ihn teilhaben lassen. Sie bringen ihn dazu, bedeutungsvolle, seltsame und verwirrende Rituale durchzuführen, um ihn zum Nachdenken anzuregen. Warum, so muss er sich fragen, ließ man mich eine rätselhafte Rolle spielen, mit der Begründung, mich einweihen zu wollen? Worin werde ich eingeweiht? In Formalitäten, die — wie man weiß — symbolisch sind. Wir haben es also mit Symbolen zu tun, deren Bedeutung wir erraten müssen.

Wenn eine solche Einweihung einem guten Menschen zuteil wird, der nichts Böses im Sinn hat, bleibt sie formal und im Hinblick auf eine echte Einweihung unwirksam. Man wird nicht durch die Kraft einer Zeremonie eingeweiht, ebenso wenig wie durch die Aneignung bestimmter Lehren, die den meisten Menschen unbekannt sind. Jeder weiht sich selbst ein, indem er spirituell arbeitet, um das große Rätsel zu entschlüsseln, das uns die Objektivität bietet.

Diejenigen, die sich zu Wort melden, vermitteln uns ihre eigenen Vorstellungen, die aus der Sicht eines Laien interessant sind, die man aber besser ignorieren sollte, um unabhängig nach der Wahrheit suchen zu können.

Um sie zu entdecken, müssen wir in uns selbst hinabsteigen, bis zum Grund des symbolischen Brunnens, wo sich die keusche Gottheit des Denkers schamhaft in ihrer Nacktheit verbirgt! Aber dieses Verinnerlichung, ist nur eine Übergangsübung, kein Ziel. Nachdem man zu sich selbst gelangt ist, muss man hinausgehen, man muss sich über die Dinge erheben, um zu ihnen zurückzukehren, um bereit zu sein, sie für das zu schätzen, was sie wert sind. Die gewöhnliche Realität des Scheins ist die Sammlung von Bildern, die den Scharfsinn des Eingeweihten fordert. Für ihn ist alles hieroglyphisch. Das Leben lässt ihn als Schauspieler in dem Schauspiel, das es bietet, agieren. Der Schauspieler ist an der Aufführung interessiert und will ihren Sinn entschlüsseln. Als Künstler im Einklang mit den Absichten des Autors des Stücks lernen, was gespielt wird, um besser zu spielen, ist die oberste Regel der Weisheit für denjenigen, der an der göttlichen Komödie der Welt teilnimmt.

Aber nicht alle Riten sind Initiationsriten: Die Aufmerksamkeit des Neophyten wird von Symbolen angezogen, d. h. von materiellen Gegenständen, die als heilig gelten, oder von verehrungswürdige Bildern, wenn nicht sogar von einfachen grafischen Zeichen, elementaren geometrischen Figuren oder suggestiven Zeichnungen, die mit Ideen verbunden sind, die für die menschliche Intelligenz von Bedeutung sind.

Im Folgenden gehen wir nicht auf die Initiationsriten ein, die im Zusammenhang mit den Mysterien der Königlichen Kunst näher untersucht wurden.

Wir werden hier auch nicht auf die Gegenstände des Kults eingehen, die von den Hierophanten gezeigt werden, und auch nicht mit den Bildern selbst, von denen nichts aufschlussreicher ist als Tarotkarten. Unser Vorhaben beschränkt sich auf die Untersuchung von Grafiken, die bei der Bildung von Gedanken helfen, und wir werden uns insbesondere auf die Analyse der alchemistischen Symbole konzentrieren, da in ihnen der Schlüssel zur Hermetik liegt, einer Philosophie, die so weit wie möglich von Worten losgelöst ist und deren Verständnis den wahren Eingeweihten vorbehalten bleibt.

Die philosophische Geometrie

Niemand darf hier eintreten, der kein Geometer ist! Diese Warnung hielt einfache Zuhörer, die nicht bereit waren, selbst zu denken, von Platons Schule fern. Tatsächlich war die Geometrie des brillanten Philosophen nicht die Geometrie von Euklid, die Wissenschaft von Maß und Raum, mit ihren Theoremen und Beweisführungen. Es war eine andere Geometrie, eine subtilere Spiritualität, eher eine Kunst als eine Wissenschaft, eine Kunst, die darin bestand, Ideen mit Formen zu verbinden und Symbole zu lesen, die aus Linien bestanden wie die Figuren der Geometer.

Durch das Bemühen, die einfachsten Abbildungen zu verstehen, kann der Verstand zu den grundlegenden Begriffen der menschlichen Intelligenz aufsteigen. Er steigt eigenständig auf, wenn er, ohne dass ihm etwas vorgeschrieben wird, selbstständig die Bedeutung eines unkomplizierten Strichs oder einer Grafik findet. Und was wir auf diese Weise aus eigener Kraft aufgrund des autonomen Arbeitens unseres Verstandes entdecken können, nimmt zumindest in Bezug auf uns selbst den Charakter von Wahrheit an. Die Bedeutung, die wir dem Zeichen zuweisen, ist für uns eine Wahrheit, und wenn wir ihr treu bleiben und anderen Zeichen andere Werte zuweisen, errichten wir als gute spekulierende Freimaurer das richtige Gebäude.

Aber das *Rohmaterial für das Große Werk*, d. h. die reine Idee, die nicht durch den verbalen Ausdruck verfälscht wird, muss aus ihrer Mine geholt werden, also aus uns selbst, aus dem berühmten Brunnen, in dem die Wahrheit verborgen liegt.

Die Hermetiker des Mittelalters erklärten nur widerwillig das Verfahren, mit dem die Transmutation von Blei in Gold durchgeführt wird. Es war damals klug, das gemeine Volk und vor allem die Inquisitoren glauben zu lassen, dass die Rezepte der Adepten wörtlich zu verstehen waren. So ruinierten sich Unwissende mit dem Anspruch, das Große Werk zu vollbringen, während Scharlatane die Gier der Naiven ausnutzten. Aus unsinnigen Experimenten entstand dennoch die moderne Chemie, was ein Lob auf die Torheit, die gedankenlose Dienerin der Weisheit, ist. Nicht alle Alchemisten ließen sich jedoch von den Symbolen täuschen. Blei bedeutete für sie Vulgarität, Schwere, Unintelligenz, Unvollkommenheit und Gold genau das Gegenteil. Als Eingeweihte hatten sie kein Interesse an vergänglichen Gütern, an gewöhnlichen Metallen, welche die Profanen faszinieren. Sie bezogen alles auf den Menschen, der zu perfektionieren ist und in dem das Blei tatsächlich in Gold umgewandelt werden kann.

Aber der Mensch war einst Kirchengut und die Kirche war in ihrer Macht eifersüchtig auf ihr Eigentum und ihre Vorrechte, daher die Diskretion der Hermetiker.

Diese hatten eine Geheimschrift, die aus Zeichen bestand, von denen jedes den Namen einer Substanz trug. Doch Worte waren nur für Laien von Bedeutung, während die Symbolik der Zeichen die Eingeweihten über die tiefere Bedeutung der verwendeten Begriffe aufklärte.

Andererseits wurde den Adepten kein Schlüssel der Einweihung offenbart: die Intuition, die durch Isis verkörpert wurde, sollte sie lehren. Er konnte höchstens durch bestimmte Bilder auf die Spur gebracht werden, wie z. B. das Rebis-Pentagramm, das von Johannes Daniel Mylius und Basilius Valentin im 16. Jahrhundert dokumentiert wurde.

Unten ist ein Kreis zu erkennen, in dem sich ein Kreuz, ein Dreieck und ein Quadrat befinden. Dies sind jedoch genau die grundlegenden Elemente des hermetischen Ideographismus:

○ + △ ▭

Diese Figuren stehen in Verbindung mit den pythagoreischen Vorstellungen von Einheit, Zweiheit, Dreiheit und Vierheit.

Es ist bemerkenswert, dass drei dieser Figuren Flächen umschreiben, während das Kreuz wie eine in die Unendlichkeit gezogene Linie erscheint. Nun bezeichnet das einfache Kreuz + in der Alchemie keine Substanz, denn das Zeichen für Essig (Lösungsmittel) 🜊 ist ein Kreuz mit abgerundeten

Enden. Das einfache Kreuz + kommt nie allein, sondern immer in Kombination mit einer geschlossenen Form vor:

Wenn das so ist, dann deshalb, weil die geschlossenen Figuren ○ △ ▽ □ verschiedenen Arten von Substanzen entsprechen, die ihren Zustand oder ihre Bestimmung ändern können, je nachdem, welches Kreuz + ihnen hinzugefügt wird. Dies wird später erläutert.

Wir wollen hier nur festhalten, dass das Kreuz mit gleich langen Armen sich leicht mit dem Kreis ○ verbindet, in den es sich einfügt ⊕, um eine perfekte Vereinigung der Gegensätze zu verwirklichen. Andererseits gibt es eine klare Beziehung zwischen dem Kreuz + und dem Quadrat □, dessen zwei Seiten die Winkel ┘┌ und └ ┐ bilden.

Zwischen dem Kreuz + und dem Dreieck △ ▽ besteht weniger Affinität. Nur die horizontale Basis dieser Figur ist im Kreuz + zu finden, dem großen Element der Versöhnung, dem religiösen Zeichen schlechthin, das verbindet, indem es belebt und in Bewegung setzt.

Aber wir wollen nicht zu weit vorgreifen und jeden einzelnen Faktor der hermetischen Tetrade untersuchen:

Der Kreis

Um die Einheit darzustellen, eignet sich nichts besser als eine einzige Linie, deren Enden zusammenlaufen und so verschwinden. Ein einfacher Strich | ist weniger glücklich, da man hier eine abgeschnittene Linie erkennen kann, ein Bild des Ternärs, wenn man seinen Körper und seine beiden Enden berücksichtigt. Es ist wahr, dass dieser Ternär in jeder Darstellung zu finden ist, sogar im Kreis ○, da dieser eine Grenze festlegt, die den begrenzten Inhalt von einer unendlichen Umgebung trennt. Streng genommen ist die Einheit nicht darstellbar: man kann sie sich vorstellen, aber nicht zeigen. Das beste Symbol dafür ist der mathematische Punkt, der nicht wahrnehmbar ist und den wir abstrakt als Schnittpunkt zweier Linien oder als Mittelpunkt eines Kreises betrachten.

Es ist dieser materiell nicht existierende Punkt, der die Linie erzeugt, indem er sich durch den Raum bewegt. Geboren aus dem Nichts, lässt uns die

Linie durch Vorwärtsbewegung oder Drehung um sich selbst die Vorstellung von der Fläche erfassen, die wiederum aufsteigt, abfällt oder sich auf einer ihrer Seiten dreht, um uns die Idee des dreidimensionalen Körpers zu vermitteln. Diese ganze Konstruktion ist intellektuell; was der menschliche Geist aus dem Nichts hervorbringt, ist Geometrie.

Die Unmöglichkeit, uns ein getreues Bild von der Einheit zu machen, zwingt uns, zum Kreis zurückzukehren, dem traditionellen Sinnbild dessen, was keinen Anfang und kein Ende hat. Die griechischen Alchemisten gaben dem Bedürfnis nach, eine zu trockene geometrische Figur zu beleben, und wollten im Kreis eine Schlange sehen, die sich in den Schwanz beißt, den sogenannten Ouroboros.

Das Motto EN TO ΠN, *Einheit ist Ganzheit*, das dieses Schlangensymbol begleitet, bekräftigt ihren Glauben an die umfassende Einheit von allem, was existiert und erdacht werden kann. Sie gingen in ihren Überlegungen von dieser Einheit aus und kehrten immer wieder zu ihr zurück, um die Werte der Dinge im Verhältnis zu dieser Einheit zu bewerten. Sie haben kein Geheimnis daraus gemacht, dass dieses Alles für den Empiriker gleichbedeutend mit dem Nichts ist, der nur das als real ansieht, was er objektiv feststellt; daher die Idee der Ursubstanz des Großen Werkes, die die Narren nirgends sehen und die Weisen jedoch in allem erahnen. Es ist das Alles-Nichts oder das Nichts-Alles, über das man sich nur in Worten auslassen kann.

Hüten wir uns also vor dem Versuch, die Leere des Kreises ○ zu erklären, der jedoch kein Nichts ist, denn das All-Eins lässt nichts außerhalb seiner selbst. Leere und Nichts sind nur irreführende Worte: alles ist von *etwas* erfüllt. Dieses *etwas* kann sich unseren Sinnen entziehen, während es sich gleichzeitig unserem Intellekt aufdrängt. Man stellte es sich als Substanz vor, die extrem verdünnt ist und keine andere Eigenschaft mehr hat als die unbegrenzte Ausdehnung. Die Babylonier gaben dieser Substanz keinen Namen, aber sie haben sie poetisch dargestellt durch Tiamath, die Frau von Apsu, dem Abgrund, dem schwarzen Urgott, der schläft, der mit sich zufrieden ist und sich weigert, etwas zu erschaffen. Dieser inaktive Gott der Nacht kann sich nur in einem schwarzen Kreis ● widerspiegeln, denn er ist der Geist der ungeschaffenen Finsternis, von der man annimmt, dass sie allem, was wurde, vorausgeht.

Um ihm zu gefallen und sich mit ihm zu vereinen, verflüchtigt sich seine Frau Tiamath. Die Art und Weise, wie sie sich ausgedehnt und verflüchtigt hat, ist so, als ob sie nicht existieren würde. Die *ursprüngliche Substanz*, ungreifbar und transparent, einheitlich und undifferenziert, wird in diesem Zustand durch das Alaun O der Alchemisten dargestellt; das philosophische Salz schlechthin, das Prinzip der anderen Salze, Mineralien und Metalle, gemäß der Definition von Dom Antoine-Joseph Pernéty in seinem „Dictionnaire Mytho-Hermetique" Paris, 1758.

Es gibt keine Eigenschaft des gewöhnlichen Alauns, die diese Vorrangstellung rechtfertigt. Es scheint ein Wortspiel zu sein, denn Alaun (französisch *Alun*) erinnert an *die Einheit* (das Eine), die Grundsubstanz, analog zum Äther, der als die innerste Essenz der Dinge betrachtet wird, das subtile Gewebe, das keine unterschiedlichen Qualitäten hat, oder anders ausgedrückt, das immaterielle Substrat aller Materialität.

In der Kosmogonie ist es das ursprüngliche Chaos, in dem alles, was Gestalt und besondere Eigenschaften annimmt, verwirrt und in Homogenität ertränkt wird. Es ist Tiamath vor dem Wutanfall, der plötzlich ihre Klarheit durch Kondensation trübt und die Gemahlin von Apsu in schlammiges und salziges Wasser verwandelt, aus dem die Schöpfung hervorgehen wird.

Das schöpferische Licht

Erschaffen bedeutet, etwas aus dem Nichts zu schöpfen. Aber damit Wesen und Dinge aus diesem angeblichen *Nichts* hervorgehen können, muss es auf seine eigene Weise substanziell sein. Wenn der menschliche Verstand das Bild eines Abgrunds heraufbeschwört und ihn Apsu nennt, oder das eines unendlichen Raums, der von Uranus verkörpert wird, ist er gezwungen, diese Leere, die er sich vorgestellt hat zu füllen, woraus Tiamath und Rhea entstehen, Vergöttlichungen der ätherischen Substanz, die sich in die Unendlichkeit ausdehnt.

Diese Substanz ist noch nicht wirklich etwas und daher kein Ding im eigentlichen Sinne, das sich definieren ließe; sie ist das Ding an sich, noch vor jeder unterscheidenden Individualisierung. Wenn wir glauben, dass diese Substanz tot ist, irren wir uns. Sie ist im Wesentlichen lebendig, denn Tiamath wird als die Mutter des Lebens besungen. Um das Universum zu füllen, muss man uneingeschränkt unter der Wirkung einer unendlichen Dynamik schwingen. Nun werden die Schwingungen in einem homogenen Medium, wie es der Ursubstanz zugeschrieben wird, ganzheitlich übertragen. Nichts blockiert die Wellen des Kosmischen Ozeans, daher bleibt er unveränderlich flüssig und nichts in ihm kann Form annehmen.

Was ist also das Geheimnis der Schöpfung? Wie wurde die Sterilität ○ befruchtet? Grafisch gesehen ist die Antwort einfach, denn sie wird durch einen Punkt gegeben, der im Zentrum des Kreises markiert ist ⊙. Dies scheint das Schema der Befruchtung der Eizelle zu sein, aber die Alchemisten hatten keine Ahnung von Embryologie, und so stellte dieses neue Zeichen für sie die Sonne dar. Ein Zentrum, das kreisförmige Wellen ausstrahlt, erweckt das Bild eines Steins, der ins Wasser geworfen wird. So haben die alten Weisen die belebende Bewegung des Kosmos dargestellt.

Sie stellten sich eine Strahlung vor, die von einem Zentrum ausgeht und sich unendlich in alle Richtungen durch den Raum ausbreitet, wie Licht, das von einem leuchtenden Brennpunkt ausgeht. Aber der Begriff Licht wurde als Analogie gewählt, denn das Wahre Licht ist nicht das, das wir auf unserer Netzhaut wahrnehmen. Die Kabbalisten verstehen unter Aor Ensoph (Ain Soph) das *unendliche Licht*, das Mittel, das das Chaos, das den himmlischen Lichtern vorausgeht, entwirrt und das für uns das Zentrum des physischen Lichts ist.

Diese anfängliche Strahlung wird so dargestellt, dass sie von allen Orten gleichzeitig ausgeht, nicht von einem einzigen Zentrum, sondern von unendlich vielen Emanationsherden. In der reinen Wirklichkeit ist ○ nicht älter als ⊙, denn das Licht existiert von Anfang an; aber Worte spielen mit dem Gedanken, verzerrt durch die Einflüsse der Logomachie. Was bedeutet Anfang, wenn es etwas ist, das weder Anfang noch Ende hat?

Die Hermetiker, besonnene und wortkarge Philosophen, haben weise Grenzen gezogen, um das Problem des Ursprungs der Dinge zu lösen. Durch die Betrachtung des Lichts selbst, das vor den beleuchteten Objekten existierte, machten sie nicht vor diesem subjektiven Trugbild halt. Für sie ist das erleuchtende Licht die einzige Möglichkeit, die Aufmerksamkeit zu fokussieren. Aber lassen wir uns nicht verwirren: Licht, das erleuchtet, bedeutet hier handelndes Agens Wie können wir uns eine effektive Handlung vorstellen? Zunächst müssen wir unterscheiden: ein Zentrum, von dem die Handlung ausgeht (zentraler Punkt des Kreises), dann die Handlung selbst in ihrer Wirkung („Welle“oder „Strahlung“, und schließlich das Ergebnis der Handlung (Umfang des Kreises).

Das Zeichen ⊙ bezieht sich also auf den ursprünglichen Agens, der sich selbst entgegenwirkt, um zuerst Formen und schließlich kompakte Erscheinungen zu erzeugen. Dieses Agens ist der Schöpfer aller Dinge, aber in der Ordnung der Metalle vollbringt es sein Meisterwerk, indem es sich im Gold widerspiegelt; dieses hat das gleiche Zeichen wie die Sonne ⊙.

Sonne und Mond

Im Vergleich zu ☉, das männlich ist, wird ○ weiblich: Dem befruchtenden Agens wird das befruchtete Prinzip gegenübergestellt. Davon ausgehend können wir in Analogie dazu eine unerschöpfliche Liste von Gegensätzen aufführen, wie Tag und Nacht, Dunkelheit und Licht, Fülle und Leere, Lingam und Yoni, Positiv und Negativ, Geist und Materie, usw. Die Alchemisten haben vorzugsweise Sonne und Mond einander gegenübergestellt, eine Dualität, die für sie unauflöslich ist, denn in ihren Augen wird der Mond zum Offenbarer der wahren spirituellen Sonne, deren Klarheit weder die Sinne noch das Verständnis direkt beeinflusst. Der Mond ist ein Spiegel ○, der das Sonnenlicht zu uns zurückwirft. So verwandeln wir den Mond in Isis, die Mutter aller Objektivität, und die Sonne, verborgen wie Osiris, bleibt der Vater der Spiritualität.

So gesehen müssen wir den Mond als Vollmond ○ betrachten, während er in der alchemistischen Ideographie als Sichel ☾☽◡◠ erscheint, um das Silber ☾ in der Ordnung der Metalle darzustellen. Die antagonistisch angeordneten Sonnen- und Mondzeichen deuten also auf folgende Ideen hin:

☉	☾
Gold	Silber
Direktes Licht	Gespiegeltes Licht
Vernunft	Vorstellungskraft
Erkennen	Glauben
Erfinden, entdecken	Assimilieren, verstehen
Handeln	Fühlen
Geben	Bekommen
Befehlen	Gehorchen
Gründen, erschaffen	Erhalten, bewahren
Zeugen	Gestalten
Befruchtung	Schwangerschaft
Jachin	Boas

Es gibt noch weitere Besonderheiten des Sonne-Mond-Binärs, aber es ist ratsam, sich nicht von dem speziellen Gebiet der Hermetik ablenken zu lassen. Wir halten uns an Jachin und Boas, um nicht auf die Reihe von Antagonismen einzugehen, die mit den beiden Säulen des konstruktiven Urteilsvermögens verbunden sind. Wenn man diesem Weg folgt, ist man versucht, die männliche Sonne ☉ dem Handelnden und den weiblichen Mond ☾

dem Empfangenden zuzuordnen. Doch sind die beiden Leuchtkörper aktiv, denn beide leuchten; aber die Sonne ☉ ist der ständige Brennpunkt einer konstanten Strahlung, die immer mit sich selbst identisch ist, also fest und unveränderlich wie der Glanz des Goldes. Was den Mond ☾ betrifft, so spiegelt er das wider, was seine veränderliche Scheibe einfängt, die ständig zu- und abnimmt, weshalb die lunaren Einflüsse unbeständig sind, was durch die Veränderlichkeit des Silbers verdeutlicht wird, das ein edles Metall ist, aber schnell trüb wird.

Ob die Mondsichel nach links ☽ oder nach rechts ☾ zeigt, ist unerheblich, obwohl das Bild des zunehmenden Mondes auf die Jugend und der Mond im letzten Viertel auf das Alter anspielen könnte. Es ist jedoch von großer Bedeutung, ob der Halbmond mit den Spitzen nach oben oder nach unten gezeichnet wird. Die nach oben gerichteten Spitzen ◡, wie im Zeichen des *Alkalischen Salzes* ♉, beherrscht es den chaotischen Äther ○ um ihn zu zwingen, in den Strom der Involution einzutreten. Die nach unten zeigenden Spitzen ◠ kennzeichnen hingegen das *Salz* ☊, also einen fortgeschrittenen, dynamisch koordinierten Äther, dessen Einfluss kristallisierend wird, ähnlich dem Einfluss eines bereits gebildeten Kristalls, der allein durch seine Anwesenheit die Kristallisation einer gesättigten Salzlösung in den gewünschten Grad treibt. Es ist zu beachten, dass das berühmte Projektionspulver auf diese Weise wirkt, so dass der Stein der Weisen, der kubisch ist, dem Edelsteinsalz ähnelt, einer kristallinen Ansammlung von Würfeln.

Das Rohstoff der Weisen, das Material, das sie verarbeiten, wird durch die Große Schlange symbolisiert, die nicht mehr den Kreis bildet, um sich in den Schwanz zu beißen (Ouroboros), sondern ganz um den Mond und teilweise um die Sonne gewickelt ist. Es handelt sich um das fluidische Agens ♉, das in seiner Essenz eins, in seiner Polarisation aber zweifach ist, daher die zwei entgegengesetzten Köpfe des Monsters. Der eine ist der des irdischen Löwen, der in seiner kondensierenden Glut fixiert ist; der andere gehört zum Adler der Flüchtigkeit, der die Auflösung der Körper und die Zerstreuung ihrer Substanz in den Äther anstrebt ○. Die unwillkürlich verdichtende Energie (Löwe) kämpft innerhalb des Großen Agenten ♉ ständig mit der expansiven Spannung (Adler). Mond und Sonne wirken wie Induktionsspulen, die den ewigen Lebensstrom anregen.

Das Kreuz

Keine Grafik wird so spontan gezeichnet wie das archaische Tau der Phönizier X oder +. Der semitische Name dieses Zeichens im Alphabet bedeutet Markierung, Kerbe, das grafische Zeichen schlechthin. Vor etwa dreitausend Jahren nahm er den Wert (die Bedeutung) **T** an und wurde erst mit der Verbreitung des Christentums zu einem Folterinstrument. Heute beschwört es die Idee des Todes herauf, was absolut willkürlich ist und in krassem Widerspruch zu den rationalen Fakten des Ideographismus steht.

Bei der Analyse muss das Zeichen der Multiplikation X von dem Zeichen der Addition + unterschieden werden. Abgesehen von diesen konventionellen Funktionen, die der hermetischen Symbolik fremd sind, stellt das sogenannte Andreaskreuz X das Zusammentreffen zweier ähnlicher, aber in ihrer Wirkung entgegengesetzter Faktoren dar, von denen einer nach rechts und der andere nach links geneigt ist. Es erinnert an zwei Schwerter, die sich kreuzen, daher die kriegerische Bedeutung, die dem Schrägkreuz zugeschrieben wird, mit der wir uns aber nicht befassen werden, da dieses Zeichen von den Alchemisten nicht verwendet wurde.

Die Bedeutung des Geraden Kreuzes + ist hingegen von großer Bedeutung für die Hermetik. Sein horizontaler Balken — (Zeichen der Subtraktion in der Arithmetik) ist passiv, wie ein schlafender oder ruhender Mensch, der auf dem Boden liegt. Im Gegensatz dazu ist sein vertikaler Balken aktiv, wie ein stehender, wacher, bewusster Mensch. Die Aktivität |, die die Passivität — durchdringt, deutet auf eine Idee der Befruchtung hin, und es ist in der Tat die Vereinigung der Geschlechter, auf die sich das Kreuz + philosophisch bezieht, allerdings unter der Bedingung einer sublimierenden Erweiterung des vulgären Begriffs der Paarung. Die Idee, die in die empfangende Intelligenz eindringt, befruchtet sie. Gott vereint sich mit der Natur, um das, was ist, zu gebären. Unsere Energie umgarnt unseren Körper, damit dieser arbeiten kann. Eine Kraft ist nur so gut wie ihre Anwendung, daher das Kreuz +, ein Zeichen für Aktion und effektive Arbeit.

Je nachdem, ob diese Arbeit noch aussteht oder bereits abgeschlossen ist, zeichnen die Alchemisten das Kreuz + unter oder über das grafische Zeichen ♀ 🜂 ♀ dieses Elements:

♁ 🜄 ♁

Zu diesen Zeichen kommt noch das des Quecksilbers ☿ hinzu, das schon komplexer ist, da es in ♉ und ♀ zerlegt werden kann. Wenn wir dieses

Symbol unter seinen verschiedenen Aspekten analysieren, erkennen wir die ganze Subtilität der alchemistischen Vorstellungen. Als ob sie die modernsten Theorien über die ultimative Immaterialität der „Materie“ geahnt hätten, sahen die Hermetiker im Universum nie etwas anderes als Energie in Aktion. Das Große Transmutations Agens, die Grundlage ihrer Kunst, ist ein feinstoffliches Fluidum, das den Raum erfüllt und alles durchdringt. Seine Hieroglyphe ☿ spricht für diejenigen, die die stumme Sprache der Grafiken hören können.

Aber wir wollen geordnet vorgehen und die Assoziationen des Kreises und des Kreuzes und ihre Elemente einzeln analysieren.

Das Salz

Es gibt viele Derivate von *Alaune* ○, einer undifferenzierten ursprünglichen Substanz. Sie werden Salze genannt; aber das Salz schlechthin, das unentbehrlichste und am weitesten verbreitete, ist kein anderes als das Meersalz ⊖. Wir sollten uns davor hüten, es mit unserem gewöhnlichen Kochsalz zu verwechseln. Das Salz der Philosophen kommt aus dem kosmischen Ozean durch die Entfaltung der *Alaune* ○. Die horizontale Linie teilt den Kreis und wird zum Firmament, das die Oberen und die Unteren Wasser trennt. Wir haben es also nicht mehr mit dem unbestimmten, gewissermaßen abstrakten Chaos zu tun, dem keine Qualität zugeschrieben werden kann. Der horizontale Balken, der den Kreis kreuzt, gibt ihm den Wert einer Substanz, die noch nicht wahrnehmbar, aber verständlich ist. Die Worte geben nur sehr unbeholfen wieder, was die Symbole anregen, zu begreifen. Wir drücken uns etwas schwerfällig aus, wenn wir von einem immateriellen Grundgerüst sprechen, das den Dingen das Substrat für ihre scheinbare Stabilität verleiht.

Salz ⊖ ist die Grundlage für alles, was Form annimmt. Alles entsteht durch es, durch die kombinierte Wirkung von Schwefel 🜍 und Quecksilber ☿, wie wir später noch erklären werden. Begnügen wir uns damit, es hier als das stabilisierende Prinzip der Körper zu betrachten. Diese Rolle erhebt das Salz, das aus dem Ozean der unendlichen Weisheit stammt, zum Symbol der Weisheit und des Gleichgewichts. Die Menschen müssen lernen, es aus dem stehenden Wasser der Salzsümpfe zu gewinnen, das die Sonne verdunstet. Kristallisiert wird seine Substanz zum Körper des Steins der Weisen. Er wird durch die Frömmigkeit der Philosophen der himmlischen Jungfrau geweiht, der universellen Mutter, die ewig vom Heiligen Geist befruchtet wird.

Tatsächlich entspricht nur der obere Teil des Salzes der jungfräulichen Idealisierung, die alles Materielle beherrscht und deren Bild sich in der *Kaise-*

rin (Arkane III) des Tarots zeigt. Aber die himmlischen Wasser sind das Ergebnis der Verdampfung dessen, was sich auf Kosten der chaotischen Urmasse verdichtet hat. Darin ist das Eingreifen zweier gegensätzlicher Tendenzen zu sehen: eine für die Verwirklichung der Verdichtung und die andere für die expansive Sublimation. Unter diesem doppelten Einfluss löst sich der entstehende Kosmos aus dem Nichts, aber an der Wurzel seines Aufbaus befinden sich zwei konstruktive Faktoren, die traditionell durch zwei Säulen dargestellt werden, die wie Menhire und Obelisken aufgestellt sind. Die Erbauer des Tempels von Salomon hielten sich an den Brauch und flankierten den Eingang des Gebäudes mit zwei Säulen, die Jachin und Boas genannt wurden. Für die Hermetiker wird das Chaos durch die Trennung des Feinstofflichen vom Grobstofflichen gelöst, was zur Erschaffung von Himmel und Erde führt, dem ersten Akt der biblischen Genesis. Aber in der unendlichen Vielfalt der Dinge bleibt die Einheit des schöpferischen Plans bestehen. Alles, was existiert, hat also seinen Himmel und seine Erde, wie das Symbol des Salzes ⊖ zeigt.

Das Nitro

Der aufbauenden Ruhe des Salzes ⊖, Vater der geologischen Sedimente und damit der stabilsten Gesteine, steht eine im Wesentlichen instabile Substanz gegenüber, das Nitro ⦶, das seit der Erfindung des Sprengstoffs als Höllensalz bezeichnet wird. Es ist nicht mehr das Symbol einer ruhigen Weisheit, sondern das Ideogramm aller Revolten, angefangen mit der Revolte Luzifers. Das unendliche Nichts ○ war notwendigerweise friedlich und es ist nicht nachvollziehbar, was Parabram dazu veranlasst haben könnte, sich zu differenzieren, um das ursprüngliche Nirvana zu stören. Wie unlogisch es auch sein mag, eine himmlische Revolte war die einzige Lösung, die die Dichter fanden, um das kosmogonische Problem zu lösen. Ideografisch gesehen bietet eine einfache vertikale Linie eine stumme Lösung des Rätsels. Dies ist eine Aktion, die sich abwärts und aufwärts bewegt, die als Involution und Evolution bezeichnet wird.

Dies führt uns wieder zu den zwei Säulen in der Symbolik der Baumeister, denn eine entspricht dem Salz ⊖ und die andere dem Nitro ⦶. Im Zweifelsfall würde es genügen, auf die Wasserwaage und das Lot der Maurer zurückzugreifen. Diese Instrumente empfehlen zunächst Ruhe, Besinnung, Besänftigung der Leidenschaften, das ruhige Gleichgewicht des Intellekts, um dann in die Tiefe zu gehen, auf den Grund der Dinge vorzudringen, nichts weniger als die Erhebung über alle Banalität. Auf der einen Seite Disziplin,

Unterwerfung unter das, was akzeptiert wird, Fügsamkeit, Empfänglichkeit; auf der anderen Seite Autonomie, Kritik am Konventionellen, Suche nach Wahrheit in sich selbst und ständige Sublimierung des individuellen Denkens. Das sind konstruktive Widersprüche einer philosophischen Mentalität.

Die Horizontale und die Vertikale sind in der Freimaurerei im Winkelmaß vereint, dem Emblem der praktischen Weisheit, die auf die Realitäten des Lebens angewandt wird. In der Alchemie ist es, wie bereits erwähnt, das Kreuz +, das aktiv und passiv, befruchtend und befruchtet untrennbar miteinander verbindet. Nun, das Kreuz entsteht in der Mitte des Kreises durch die Überlagerung von Salz ⊖ und Nitro ⦶, oder, wenn wir es vorziehen, durch ihre Vermählung: ⊕.

Warum wird dieses neue Zeichen Grünspan zugeschrieben? Was hat Grünspan damit zu tun? Es ist wahrscheinlich, dass das Kupferoxid wegen seiner Farbe gewählt wurde, die die Farbe der Vegetation und damit des manifestierten Lebens ist, da das Ideogramm ⊕ aus physiologischer Sicht das Schema der befruchteten Eizelle darstellt.

Philosophisch gesehen sahen die Hermetiker darin ein Symbol für die vitalisierte kosmische Substanz, wie sie in lebenden Organismen in Aktion zu finden ist. Als Teil des Kreises und durch diesen begrenzt, bezieht sich das Kreuz auf das konkrete Leben, das den Einzelnen belebt. Das Kreuz, dessen Zweige unendlich verlängert werden können, bezieht sich dagegen auf das unbestimmte, nicht angewandte und daher abstrakte Leben.

Das Vitriol

Eine streng ausgeglichene Vitalisierung, aktiv und passiv in gleichen Anteilen, ist charakteristisch für das Pflanzenreich, im Vergleich dazu erscheinen die Tiere als unausgeglichen zugunsten der Aktivität, während die Mineralien durch das Vorherrschen einer passiven Vitalität stabilisiert werden. Diese drei lebenswichtigen Modalitäten lassen sich grafisch wie folgt übersetzen:

⦶ Tier: Instabilität aufgrund von übermäßiger Aktivität.

⊕ Pflanzen: Gleichgewicht.

⊖ Mineral: Stabil aufgrund der vorherrschenden Passivität.

Die Symbole ⦶ und ⊖ beziehen sich auf keine Substanz des alchemistischen Labors; aber ⦶+ und ⦶› beziehen sich auf das blaue und grüne Vitriol.

Lassen Sie uns nicht bei Kupfersulfat und Eisensulfat verweilen, denn die operative Chemie lenkt uns vom im Wesentlichen spekulativen Hermetismus ab. Nur Symbole offenbaren die verborgene Weisheit. Sie zeigen uns im Vitriol die tierische Vitalität in ihrem doppelten Aspekt des weiblichen Fluidums ⦶+ und des männlichen Fluidums ⦶→.

Mesmer bezog sein Konzept des tierischen Magnetismus aus der Alchemie. Er kannte die Formel des Wortes VITRIOLVM, dessen Buchstaben die Initialen des berühmten Satzes sind: *Visita Interiora Terrae Rectificando Inverties Occultum Lapidem, Veram Medicinam.* — Der Besuch in den Eingeweiden der Erde ist eine Einladung, in sich selbst hinabzusteigen und das Verständnis der menschlichen Natur zu vertiefen. Eingeschlossen im geheimen Labor unserer Persönlichkeit, in unserem hermetisch verschlossenen philosophischen Ei, läutern, destillieren, befreien wir das Feine vom Groben. Auf diese Weise werden wir den verborgenen Stein finden, in dem sich die wahre Medizin befindet.

Das Geheimnis des Vitriols macht den Menschen zum Bestandteil des großen Werks der Philosophen. Jeder von uns trägt in sich den Stein der Weisen, die wahre Medizin, die die Macht besitzt, alle Krankheiten zu heilen. Daran ist nichts Absurdes oder naiv Wunderbares, sondern nur die Bestätigung, dass im Menschen alles vorhanden ist, solange er lernt, sich selbst zu erkennen und die unerschöpflichen Ressourcen seiner eigenen Natur weise zu nutzen.

Die mineralische Vitalität ⊖ ist mit dem Weltideogramm ♁ verbunden, die die Mineralität als Träger für unbegrenztes Leben bezeichnet. Was hier schematisch dargestellt wird, ist nicht so sehr das objektive Universum als vielmehr die Seele der Welt, denn der Hermetismus beschäftigt sich nicht so sehr mit dem, was wir mit unseren Sinnen erfassen. Mit Mineralität ⊖ meinen wir nicht die Synthese der scheinbaren Eigenschaften von Mineralien, die im profanen Sinne als träge gelten. Die Hermetisten schrieben ihnen eine eigentümliche Seele zu, die außerhalb ihres Körpers existiert. Ohne die Anwendungen der Elektrizität oder die neuesten Theorien über den Aufbau der Materie zu kennen, kann man sagen, dass ihr Geist um Nebel kreiste, die noch nicht zu klar verständlichen Konzepten verdichtet waren. Der Ideographismus stellte sie vor Probleme, die sie nur algebraisch lösen konnten, ohne die positiven Werte zu erkennen, die ihre Formeln enthielten.

Der Globus mit dem Kreuz ♁ ist das Insignium der kaiserlichen Macht, die in der Initiation angestrebt wurde, da es sich um ein Reich handelt, das über die Weltenseele ausgeübt wird, d. h. über das universelle vitale Fluidum, das die siderischen Körper beseelt. Die Schule von Paracelsus nennt dieses Agens das „Astrallicht“und stellt es als unsichtbare Strahlung dar, die eine Art phosphoreszierenden psychischen Nebel um unseren Planeten erzeugt. Derjenige, der es versteht, dieses Fluidum zu koagulieren und dann nach Belieben aufzulösen, beherrscht die Weltseele und verfügt über höchste magische Macht.

Man kann sich fragen, was die ungewöhnlichen Zeichen ⊖ und ⚲ in der Alchemie bedeuten. Sie können nur materielle aktive Substanzen sein, ähnlich wie Radium. Es handelt sich um einen zerstörerischen Einfluss; es geht nicht mehr um die Seele, sondern um den Körper, vielleicht wie im Fall von Personen, die metapsychische Phänomene produzieren, welche zu abnormen Dissoziationen führen.

Wir sind bereits auf das Zeichen ⦶+ gestoßen, das den blauen Vitriol bezeichnet, d. h. die passiv polarisierte tierische Vitalität im weiblichen Modus, im Gegensatz zum grünen Vitriol ⦶→, das als aggressiv-männlich angesehen wird. Auf der einen Seite gibt es die zentripetale Anziehungskraft, die die Lebensenergie akkumuliert, zurückhält, speichert und verdichtet, um sie in Ruhe zu nutzen.

Auf der anderen Seite schleudert die männliche Vehemenz, die durch den Marspfeil ⦶→ angezeigt wird, mit Gewalt das verschwenderisch verbrauchte tierische Fluidum hinaus.

Die belebende Substanz

Bevor wir das Symbol der Welt ♁ analysieren, wäre es logischer, das einfachere Ideogramm von Antimon ♁ zu erklären; aber hier verbirgt die grafische Einfachheit den komplizierten Charakter des symbolischen Konzepts. Die undifferenzierte ursprüngliche Substanz ○ stellt sich als der Erhalter des unendlichen Lebens dar +. Es ist ein äußerst subtiles, von unbegrenzter Dynamik beseeltes Fluidum, ein permanentes und himmlisches Wasser, das das philosophische Gold reinigt, läutert und wäscht, so wie gewöhnliches

Antimon gewöhnliches Gold reinigt. In seinem „Triumphwagen des Antimons“ erklärt Basilio Valentin, dass diese Substanz, spagyrisch aufbereitet, ein Gegenmittel gegen alle Gifte ist.

Er nennt ihn das „Große Arkanum“ den „Feurigen Stein“ und schreibt ihm so viele Tugenden zu, dass kein Mensch imstande ist, sie alle zu entdecken, denn der Stein der Weisen hat sowohl höhere Eigenschaften zur Heilung der Krankheiten des menschlichen Körpers als auch zur metallischen Transmutation. In Wirklichkeit ist es das, was uns erhebt und vergeistigt und uns von der Undurchsichtigkeit der Materie befreit. Es ist die himmlische Seele, die Quelle der Intelligenz und der edlen Gefühle. Im Tarot wird sie durch den *Triumphwagen* (Arkanum VII) und durch die *Kraft* (Arkanum XI) dargestellt, verkörpert von einer Frau, die einen wütenden Löwen zähmt.

Damit die Ideogramme für sich selbst sprechen und ihre Bedeutung vollständig erkannt werden kann, ist es notwendig, sie zu vergleichen, indem man sie einander gegenüberstellt. Daher lohnt es sich, über die folgenden Beziehungen nachzudenken:

♁ (umgekehrt)	Eine himmlische, intellektuelle und gefühlvolle Seele. Spiritualisierender Einfluss. Geist, der sich von der Materie, die er beherrscht, löst. Evolution, Erlösung.
↑ ⊕ ↓	Vegetative Seele. Körperliche Vitalität. Inkarnierter Geist, vereint mit der Materie. Gesundheit, vitales Gleichgewicht.
♀	Instinktive Seele. Materialisierende Anziehungskraft. Sexualität. Der Fall des Geistes in die Materie. Involution, Genesis.

Wir werden nicht mehr von Grünspan ⊕ sprechen, aber Venus oder Kupfer ♀ verdient unsere Aufmerksamkeit. Die Göttin der Wollust lockt die Seele in den Körper mit der Aussicht auf ein träges, sinnliches, lockeres Leben, frei von heroischen Anstrengungen. Sie lehrt, das Leben um seiner selbst willen zu lieben, indem man seine Reize auskostet und gleichzeitig seinen Härten ausweicht.

Sie ist verführerisch und würde das Leben stagnieren lassen, wäre da nicht der Gegenspieler, in den sie verliebt ist: Mars ♂, für die Alchemisten der Gott des Eisens. Dieser Liebhaber der Venus steht für Bewegung, für das Bedürfnis, angesammelte Energie zu verbrauchen, sei es muskulär, intellektuell oder psychisch. Er wird zum aktiven Geist der Körper, dessen sensible Seele das Leben erhält. Letzterer akkumuliert die Reserven, die er seinen

Verbrauchern zur Verfügung stellt. Ohne Venus würde die Glut des Mars erlöschen, weil er keine Nahrung hätte; ohne die Stimulation des Mars würde die Venus in Untätigkeit und Fülle dahinvegetieren. Die Eigenschaften dieser beiden planetarischen und metallischen Genien sind wie folgt:

♂	♀
Mars	Venus
Eisen	Kupfer
Motorische Fähigkeiten	Empfindlichkeit
Wut	Lieblichkeit
Ungeduld	Geduld
Lebendigkeit	Ruhe
Aktive Energie	Apathie, Trägheit
Willen	Fügsamkeit
Herrschaft	Verführung
Projektion	Anziehungskraft
Brutalität	Gnade
Wildheit	Zärtlichkeit
Zerstörung	Erhaltung
Animisches oder lebendiges Feuer	Vitales Wasser, das animisches Fluidum
Schweflige Glut	Radikale Feuchtigkeit

Die griechischen Alchemisten stellten das Kupfer, das der Venus gewidmet war, durch das Zeichen ⚲ dar, das im Allgemeinen das Ideogramm der Frau ist, und das in Asien eine etwas andere Form hat.

Durch Hinzufügen eines Balkens, der die Arme anzeigt, erhalten wir ♀, von dem sowohl unser Venuszeichen ♀ als auch das ägyptische Ankh-Kreuz ☥ abgeleitet ist. In Karthago finden wir Tanith, eine Figur, die an die spanischen Jungfrauen erinnert.

Das Zeichen Mars stellt ursprünglich ein rundes Schild dar, das auf einem schrägen Pfeil steht. Eine leichte Vereinfachung liefert uns ♂.

Lassen Sie uns am Rande erwähnen, dass unsere heutigen Symbole für Jupiter-Zinn ♃ und Saturn-Blei ♄ in griechischen Manuskripten als einfache Sichel für letzteren und ein Z, die Initiale des Zeus für den ersteren, mit dem Zusatz eines Blitzes, zu finden sind.

Diese beiden Zeichen wurden in der antagonistischen Kombination des Kreuzes + und der Mondsichel ☽ zusammengeführt.

Jupiter und Saturn

Die ideografische Zuordnung war nicht von vornherein festgelegt; wie in allen anderen Bereichen gibt es auch in der Symbolik eine Entwicklung.

Indem wir die Zeichen von Jupiter ♃ und Saturn ♄ auf die Kombination des Kreuzes + mit dem Halbmond ☽ zurückführen, gelangen wir in die konstruktive Logik der gesamten hermetischen Ideographismus.

Wenn wir den Halbmond ☽ dem horizontalen Strich des Kreuzes ♃ und dem vertikalen Strich des Kreuzes ♄ gegenüberstellen, wenn wir uns auf die Bedeutung beziehen, die oben sowohl dem Halbmond als auch dem Kreuz zugeschrieben wurde, werden wir zu den folgenden Interpretationen gelangen, wobei zu beachten ist, dass der Halbmond in beiden Zeichen das erste Viertel des Mondes ist und daher Wachstum und konstruktive Entwicklung bedeutet.

♃	♄
Jupiter Kreuz unterhalb des Halbmondes: Arbeit der Umwandlung in Energie Passiv herbeigeführter Wandel, durch Einwirkung auf die ruhige Vitalität (Horizontale Linie des Kreuzes)	Saturn Kreuz über der Mondsichel: Vollbrachte transformative Arbeit Aktiv herbeigeführter Wandel durch Einwirkung auf die aktive Vitalität (Vertikale Linie des Kreuzes)
Wachstum	Zerfall
Entwicklung	Stillstand, Niedergang
Materialisierung	Dematerialisierung
Inkarnation	Desinkarnation
Erzeugung von physischem Leben	Verfall
Belebung	Transformation
Jugend, Anmaßung	Reifes Alter, Erfahrung
Leben	Tod

Das jupiterianische Zinn ♃ ist ein leichtes Metall, das der lebensspendenden Luft entspricht, im Gegensatz zum schweren Blei ♄, dessen Schwere zum Grab hin zieht. Aber die Leichtigkeit des Jupiters macht ihn leichtfertig, während Saturn der ernste und seriöse Gott schlechthin ist. Folglich wird das saturnische Blei für die Hermetiker die Grundlage ihrer Kunst. Dieses unedle

Metall enthält potenzielles Gold. Der Weise wendet es an, weil er reif für die Umwandlung ist, wie der Greis, der zur natürlichen Verjüngung durch die alchemistische Methode der Auflösung des Körpers bereit ist, ein Erneuerungsprozess, den der Eingeweihte, der sich *Sohn der Verwesung* nennt, nicht fürchtet.

Das Quecksilber (Mercurius)

Kein alchemistisches Symbol ist so wichtig wie das des Merkur ☿. Die gesamte hermetische Lehre ist in gewisser Weise in ihm zusammengefasst. So sind wir dem Geheimnis der königlichen Kunst sehr nahe, wenn wir erkennen können, was die Philosophen unter diesem Symbol, das sie so häufig verwenden, verbergen.

Nun wird das Geheimnis, das vor dem Wissen des einfachen Mannes verborgen bleiben sollte, bemerkenswert klar, wenn man das Ideogramm von Merkur ☿ einer methodischen Analyse unterzieht. Man kann nämlich das Zeichen der Venus ♀ mit dem Halbmond ◡ oder das Zeichen des Alkalisalzes ♉ mit dem Kreuz ✚ am unteren Ende sehen.

Im ersten Fall weist die Venus ♀ auf eine Substanz hin, die, wie bei Keimen, Lebensenergien enthält, die sich entfalten sollen, und die Überschneidung mit dem Halbmond ◡ zeigt an, dass die betreffende Entwicklung im sublunaren Bereich stattfinden muss, also in der Sphäre der Materialität, die einem ständigen Wandel unterliegt.

Quecksilber ☿ erscheint uns daher als die grundlegende Lebenskraft der Dinge, als das Prinzip, durch das sie erzeugt, entwickelt und umgewandelt werden. Er ist das universale Agens der Natur, der Götterbote, der überall für die Manifestationen der Existenz notwendig ist, oder der ewige Vermittler.

Wenn wir uns nun auf das beziehen, was über das Alkalisalz ♉ gesagt wurde, werden wir verstehen, in welchem Sinne das Symbol durch die Hinzufügung des Kreuzes ✚ verändert wird, das hier das Zeichen der Befruchtung ist. Das Rohmaterial der Weisen ♉, das potenziell alle Metamorphosen durchlaufen kann, wird nun durch diesen lebensspendenden Impuls belebt, der es ihm ermöglicht, alle seine latenten Möglichkeiten zu aktivieren.

Die hermetischen Philosophen haben viele Begriffe verwendet, um ihren Merkur ☿ zu bezeichnen, aber sie haben sich mit besonderer Vorliebe auf das Wort „Azoth“ festgelegt, das nach Planiscampi **AZΩת** geschrieben werden sollte, so dass es kabbalistisch aus dem Anfangsbuchstaben **A**, der allen Alphabeten gemeinsam ist, gefolgt von dem letzten Buchstaben der Lateiner **Z**, der Griechen **Ω** und der Hebräer **ת**, zusammengesetzt ist. Azoth stellt sowohl den Anfang als auch das Ende eines jeden Körpers dar.

Wenn das Zeichen Azoth umgedreht wird ☿, stellt es den Archetyp von Arkanum III des Tarot dar, das die Kaiserin, die Königin des Himmels oder die geflügelte Jungfrau der Apokalypse darstellt. Wenn wir das Ideogramm analysieren, erkennen wir, dass Antimon ♁ den besiegten Halbmond beherrscht ⌒ (souveräne Reinheit, die sich allen verädernden Einflüssen entzieht, aber eine unwiderstehliche reinigende Kraft über alles ausübt, was ihr unterlegen ist). Andererseits können wir den Salz 8 gekrönt vom Kreuz + darstellen, d.h. vergeistigt, sublimiert oder verherrlicht, nachdem es Tugenden von größerer Transzendenz erworben hat.

Kurz gesagt, es ist nicht mehr die Seele der Dinge oder die universell körperbildende Vitalität ☿, sondern im Gegenteil die himmlische Seele, die dazu neigt, uns von der Materie zu befreien, indem sie uns erhebt und vergeistigt ☿.

Wir müssen auch bedenken, dass wir uns im Bereich der Universalität befinden, also in den höchstens Sphären des Denkens, das die Welt regiert. Wir haben es hier in der Tat mit Binah (Intelligenz oder Verständnis) zu tun, dies entspricht dem dritten Begriff des ersten Ternär des Baums der Sephiroth oder kabbalistischen Zahlen.

Die Frau, die durch ihren Aufstieg himmlisch geworden ist, ähnelt der Venus-Urania oder der babylonischen Ishtar, die als Erzeugerin der idealen Formen oder der Ur-Ideen, nach denen alles erschaffen wird, betrachtet wird. Sie regiert in den erhabenen Regionen der reinen Intelligenz, oberhalb der veränderlichen oder sublunaren Welt, die jedoch dazu bestimmt ist, ihr unterworfen zu werden.[1)]

Beachten wir, dass Merkur ☿ in seiner Eigenschaft als universeller Vermittler als Bindeglied zwischen den anderen Metallen oder Planeten dient, ohne eine besondere Affinität zu zeigen, daher sein neutraler oder genauer gesagt androgyner Charakter, der durch die zentrale Position, die er im folgenden Septenär einnimmt, angezeigt wird:

---

1) Der endgültige Sieg der Frau, die den Kopf der alten Schlange zertreten muss.

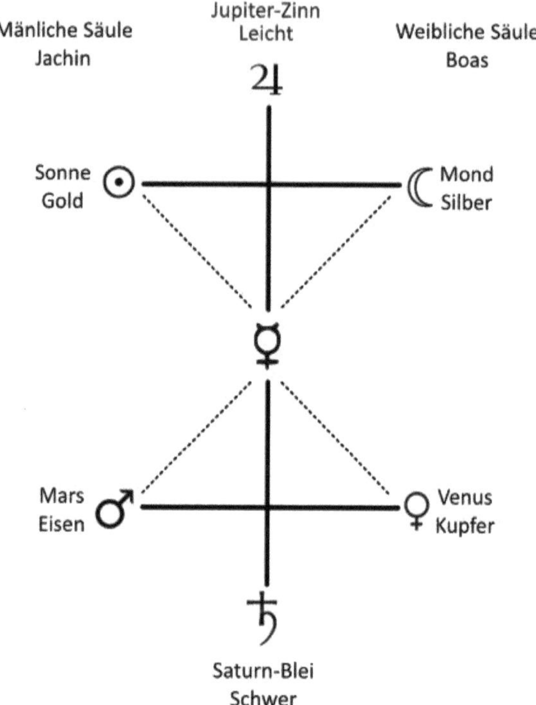

Das bedeutet, dass Merkur ☿ an allen Eigenschaften beteiligt ist oder dass er das Prinzip ist, aus dem sie in ihrer Vielfalt und Gegensätzen hervorgehen. Genauer gesagt durch das, was die Hermetiker als Azoth ☿ bezeichnen, dessen Ideogramm aus dem Zeichen der Venus ♀ (dem ägyptischen Ankh-Kreuz ☥) besteht und das von der Mondsichel ⌒ der Isis gekrönt wird.

Die Mondsichel, die an die Hörner der heiligen Kuh oder des Sternzeichen Stier erinnert, wird manchmal durch das Zeichen Widder ♈ ersetzt, das sein Gegenteil darstellt, da der Halbmond ◡, d der einen Becher oder ein offenes Gefäß darstellt, empfänglich und daher passiv oder weiblich ist: er bezieht sich auf die Fruchtbarkeit und die damit verbundenen Transformationen.

Das Symbol der Frühlings-Tagundnachtgleiche ♈ erinnert im Gegenteil an eine Pfeilspitze, die in den Boden eindringt, oder umgekehrt an eine Pflanzenknospe, die aus dem Boden herauswächst und sich entfaltet. Wie auch immer man es betrachtet, es wird somit zu einem Symbol der männlichen Zeugungskraft.

Unter diesen Umständen ist das Quecksilber der Weisen ☿ das Stimulans für alle Lebenskraft, das universelle Fluidum, das alle Dinge durchdringt und alle Wesen durch die Bande einer geheimen Sympathie vereint. Dadurch werden magische Operationen und vor allem die Wunder der okkulten Medizin durchgeführt.

Das Dreieck

In der Reihenfolge der geschlossenen Figuren ○ ▽ □ befindet sich das Dreieck △ zwischen dem Kreis ○ und dem Viereck △. Daraus lässt sich ableiten, dass es eine Zwischenstufe zwischen der fast abstrakten Substanz, die man als spirituell ○ bezeichnen könnte, und der Materie, die wir mit unseren Sinnen wahrnehmen, darstellt . In der Praxis wird das Dreieck zum Symbol der okkulten Elemente, die als Feuer △, Wasser ▽, Luft 🜁 und Erde 🜃 bezeichnet werden. Dies sind keine vermeintlich einfachen Körpers, sondern Modalitäten der einen Substanz ○, welche die körperlichen Besonderheiten innerhalb dieser Substanz bestimmen. Die hermetischen Elemente sind verständliche Abstraktionen, die sich unseren physischen Wahrnehmungen vollständig entziehen. Sie dürfen nicht mit den elementaren Aspekten verwechselt werden , deren Auswirkungen der Ursprung der Elemente sind. Jede Substanz kann nur das Ergebnis eines Gleichgewichts zwischen den Elementen sein, die sich paarweise gegenüberstehen, wie das folgende Diagramm darstellt:

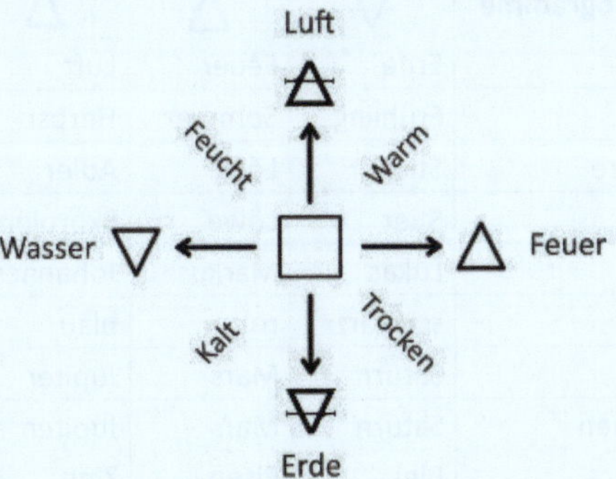

Dies bedeutet, dass die leichte und subtile Luft 🜁 die Wirkung der dichten und schweren Erde 🜃 ausgleicht, die beschwerend wirkt. Das Wasser ▽ ist kalt und feucht und zieht zusammen, während das Feuer △ trocken und heiß ist und ausdehnt. Das Symbol des Feuers △ erinnert an die Flamme, die aufsteigt und in einem Punkt endet. Es bezieht sich also auf eine aufsteigende

Bewegung, auf Wachstum oder Expansion, auf eine zentrifugale, eindringende und erobernde Aktion.[1] Das Feuer 🜂 selbst hat die ungestümen Tendenzen der männlichen Energie, es verleitet zu Zorn und würde zerstörerisch werden, wenn es nicht in Kombination mit anderen Elementen gemäßigt wird.

Der nach oben gerichteten Kraft des Feuers 🜂 steht vor allem das Wasser 🜄 gegenüber, das nach unten fließt und jeden leeren oder hohlen Raum ausfüllt. Das Wasser zieht zusammen, was das Feuer ausdehnt. Seine Wirkung ist daher zentripetal oder konstriktiv. Anstatt vertikal aufzusteigen wie das Feuer, breitet sie sich horizontal aus. So neigt es zur Ruhe, zur Gelassenheit, was eine Verbindung zwischen ihrer Passivität und der weiblichen Sanftheit herstellt.

Nach seinem Ideogramm zu urteilen, wäre Luft 🜁 nur ein Feuer 🜂, das in seinem Aufstieg gestoppt wurde, erstickt, ausgelöscht durch den horizontalen Balken, der das feurige Dreieck durchquert und köpft. Es bleibt nur noch Rauch, Dampf oder Gas übrig, eine Substanz, die sich verdünnt und in alle Richtungen ausbreitet, ähnlich wie Wasser 🜄.

Was Erde 🜃 betrifft, so ist es ein verdicktes Wasser 🜄, das nicht mehr fließt und eine vollständige Trägheit in der Festigkeit erreicht.

Ohne auf die Theorie des konjugierten Antagonismus der Elemente einzugehen, beschränken wir uns darauf, ihre Entsprechungen mithilfe der folgenden analogischen Tabelle zusammenzufassen:

Alchemistische Ideogramme	🜃	🜂	🜁	🜄
Elemente	Erde	Feuer	Luft	Wasser
Jahreszeiten	Frühling	Sommer	Herbst	Winter
Apokalyptische Tiere	Stier	Löwe	Adler	Engel
Sternzeichen	Stier	Löwe	Skorpion	Wassermann
Evangelisten	Lukas	Markus	Johannes	Matthäus
Farben	schwarz	rot	blau	grün
Planeten	Saturn	Mars	Jupiter	Venus
Planetarische Zeichen	Saturn	Mars	Jupiter	Venus
Metalle	Blei	Eisen	Zinn	Kupfer

1) Die akkadische Silbenschrift gibt 🜂 den Wert von Rou, was machen, produzieren, bauen bedeutet.

Der Schwefel

Unabhängig davon, zu welchem Reich ein Individuum gehört, geht es immer von einem inneren Zentrum der Initiative und der expansiven Aktion aus. Die individuelle Existenz hat ihren Ursprung in der ursprünglichen Revolte, die von einem radikalen Egoismus inspiriert ist und das Individuum gegen das Ganze stellt, mit dem es das gemeinsame Leben teilt. Wenn wir von dieser allgemeinen Vitalität ausgehen, müssen wir uns vorstellen, dass sie ihre Schwingungen von allen Seiten an die noch passive Substanz weitergibt, die später zum individuellen Leben erwachen wird.

Dies drücken wir schematisch wie folgt aus:

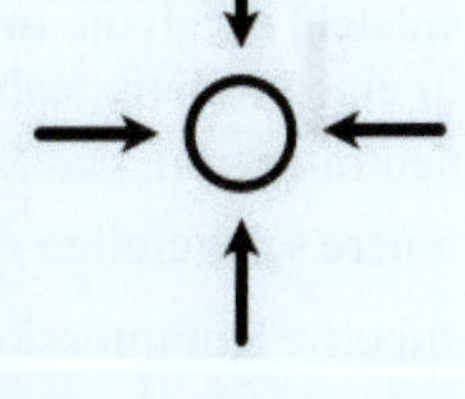

Der mittlere Kreis stellt eine salzhaltige Substanz ○ oder ⊖ dar, also passiv oder neutral, auf die in Richtung der Pfeile eine Strahlung von vitalem Licht und Wärme aus der Umgebung trifft. Nehmen wir nun an, dass die Lebensstrahlung, nachdem sie sich im Zentrum des Salzkügelchens gebrochen hat, sich in gewisser Weise gegen sich selbst wendet. Auf diese Weise haben wir die Entstehung dessen, was die Alchemisten als Schwefel 🜍 bezeichneten, konzipiert.

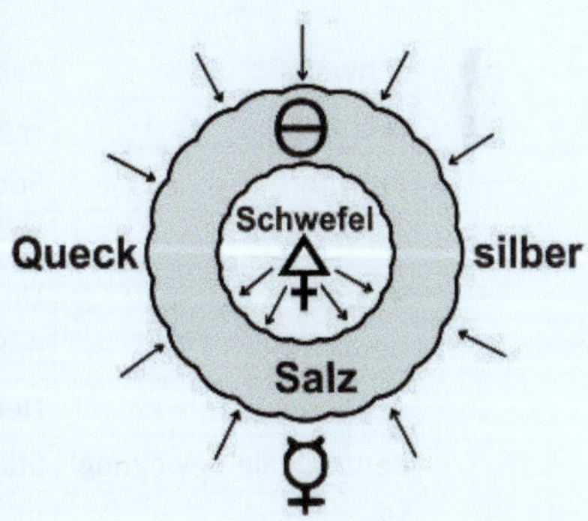

Wie das Ideogramm 🜍 verrät, meinten sie mit diesem allegorischen Begriff das verwirklichende Feuer, das im Kern eines jeden Wesens eingeschlossen ist. Dieser Lebensdrang, der sich von innen nach außen durch die Phänomene der Entwicklung und des Wachstums manifestiert, ist in Wirklichkeit das Konstruktionsprinzip jedes Organismus. Es ist der Handwerker, dem die Freimaurer mit dem Emblem des leuchtenden Deltas Ehre erweisen.

Sie sind der Ansicht, dass das *innere Feuer*, auf das sich die individuelle Fixierung bezieht, nur eine Besonderheit des schöpferischen Lichts ☉ ist. Der Freimaurer ist somit berechtigt, sich als direkte Emanation oder Inkarnation des Großen Architekten des Universums zu betrachten.[1)]

---

1) In diesem Sinne heißt es in Psalm 82, V. 6: "Ich habe gesagt, ihr seid Götter", ein Wort, das Jesus den Juden entgegenhalten sollte, die ihn der Gotteslästerung beschuldigten (Johannes X, 33).

Er darf außerdem nicht vergessen, dass er keine besonders privilegierte Position in der Rangordnung der Wesen einnimmt, da jede mikrokosmische Individualität, in der sich ein autonomer Lebensfokus manifestiert, wie er von ein und derselben leuchtenden Essenz abstammt, deren Dreieinigkeit durch den alchemistischen Ternär ausgedrückt wird: Schwefel 🜍, Salz 🜔 und Merkur ☿.

Für die Hermetik ist in der Tat alles Licht. Dies ist in Bezug auf den Schwefel 🜍 und das Quecksilber ☿ leicht verständlich, da diese beiden Prinzipien das innere oder mikrokosmische Licht 🜍 darstellen, das dem äußeren oder makrokosmischen Licht ☿ entgegengesetzt ist. Das Salz 🜔 entsteht durch die Interferenz der beiden gegensätzlichen Strahlungen, die sich in einem relativ stabilen Bereich von kondensiertem oder körperlichem Licht neutralisieren. Das Salz 🜔 wird somit zum substanziellen Gefäß, das durch die innere schwefelige Ausdehnung 🜍 erweitert wird, die durch die äußere quecksilberne Kompression ☿ ausgeglichen wird.

Darüber hinaus können die drei alchemistischen Prinzipien wie folgt interpretiert werden:

🜍	🜔	☿
Schwefel	Salz	Quecksilber
Archäus	Hyle (Urmaterie)	Azoth
Prinzip	Substanz	Wort
Geist	Körper	Seele
Inneres	Umgebung	Äußeres
Inhalt	Behälter	Umgebung
Ausdehnung	Neutralität	Kompression
Zentrifugale Bewegung	Stabilität, Ruhe	Zentripetale Bewegung
Heraustreten	Bleiben	Eintreten

Wenn das Zeichen für Schwefel 🜍 das Symbol eines aufbauenden Feuers ist, das in dem Samen, der sich entwickeln soll, eingeschlossen ist, erhalten wir, wenn wir es umdrehen, das Ideogramm eines Wassers, das die komplette Reihe der reinigenden Destillationen durchlaufen hat, durch die seine eigenen Qualitäten hervorgehoben wurden. Aus der Sicht der Einweihung handelt es sich um eine vollständig gereinigte Seele, die durch die

Prüfungen des Lebens gestärkt wurde und den Zustand der Heiligkeit erreicht hat, der es ermöglicht, Wunder zu vollbringen. Es ist verständlich, dass unter diesen Umständen das Zeichen, mit dem wir uns beschäftigen, in der Hermetik auf die Vollendung des Großen Werkes verweist 🜏.

Im Tarot wird es durch die Figur des *Gehängten* (Arkane XII) dargestellt, so wie die des *Kaisers* (Arkane IV) an das plutonische Zeichen des Schwefels erinnert 🜍.

Das Viereck

Die konkrete Materie, d. h. das, was man mit den Sinnen wahrnimmt, wird durch ein Rechteck symbolisiert, dessen Seiten dem Quaternär der Elemente entsprechen.

Wenn diese Figur die Form eines perfekten Quadrats annimmt □, stellt sie den kubischen Stein dar, d. h. das vollkommen ausgeglichene Individuum, das im Vollbesitz seiner Kräfte ist und dessen Organismus sich in allen Dingen streng an die Erfordernisse des Geistes anpasst. Dieses Ideal muss vom Künstler in der genialsten Phase seines Schaffens erreicht werden, wenn die körperliche Kraft noch mit der ursprünglichen Zartheit der Eindrücke verbunden ist. Im Einweihungsprogramm der Freimaurerei entspricht diese Zeit dem Grad des Gesellen, weil sie für Arbeit und Aktivität besonders günstig ist. Der Geselle soll sich allegorisch in einen makellosen Würfel verwandeln, dessen Kanten gleich lang sind und dessen Flächen absolut gerade Winkel zueinander bilden.

Diese geometrischen Anforderungen haben in den Augen der symbolischen Arbeiter eine hohe moralische Bedeutung, denn sie betrachten sich selbst als das lebendige Material des Tempels, den sie bauen. Sie zeigen auch, wie sorgfältig das Material für das Große Werk bearbeitet werden muss. Alles muss durch Proportionen und Zahlen geregelt und koordiniert werden, gemäß den Gesetzen der Philosophischen Geometrie, die am Anfang dieser Studie erwähnt wurde und die das grundlegende Wissen (Gnosis) der Eingeweihten ist.

Der Winkel

Wie wir bereits erwähnt haben, können das Kreuz ✚ und das Quadrat □ als zwei gleichschenklige Winkel betrachtet werden, die durch ihre Scheitelpunkte └ ┐ oder durch ihre Enden ┘┌ verbunden sind.

Diese Hinweise reichen aus, um eine Vorstellung von der konstituierenden Rolle des rechten Winkels in den Kombinationen der geometrischen Symbolik zu vermitteln. Jede Konstruktion ist eine Kombination aus zwei Gegensätzen, die durch die Vertikale (Energie, Aktion, Kraft) und die Horizontale (Ausdehnung, Trägheit, Widerstand) dargestellt werden. Der Baumeister ist dazu berufen, etwas in Bewegung zu setzen, was von Natur aus unbeweglich ist. Er fügt zusammen, was verstreut ist, er formt und kombiniert seine Materialien, um ein stabiles und solides Ganzes zu bilden. Um ihren Zweck zu erfüllen, müssen sie jedoch durch die Kontrolle des Winkelmaßes gehen, das die Konfiguration festlegt, die notwendig ist, damit die Steine genau zueinander passen. Die Freimaurer sind der Meinung, dass die Freimaurerei ohne dieses Instrument nicht existieren könnte.

Sie machten es zum Abzeichen des Meisters, der ihre Arbeit leitet, da es dessen wichtigste Aufgabe ist, die gute Harmonie zwischen allen seinen Mitarbeitern aufrechtzuerhalten. Um dies zu erreichen, muss er die Fähigkeit besitzen, Gegensätze auszugleichen, gemäß der Lehre, die sich aus dem Winkelmaß der Kombination von Horizontalem und Vertikalem, ergibt. Er ist auch für die Einhaltung der Disziplin verantwortlich, die die Grundlage jeder Vereinigung bildet. Auch hier ist der Winkel ein sprechendes Emblem, da ohne ihn keine Koordination möglich ist.

Regel, Gesetz, Ordnung, Fairness, Gerechtigkeit, Organisation, alles bezieht sich in der konstruktiven Allegorie auf die Notwendigkeit, die Steine, die nahtlos aneinandergefügt werden sollen, um ein perfektes Bauwerk zu errichten, richtig auszurichten.

Das Hakenkreuz

Die Symbolik des Winkels wirft ein unerwartetes Licht auf die Mysterien des ältesten heiligen Zeichens der indoeuropäschen Rasse. Es handelt sich um das Hakenkreuz 卐, das in Indien als Swastika und im alten Skandinavien als Fyrfos bezeichnet wird. Es besteht aus vier Winkeln, die von einem gemeinsamen Zentrum auszugehen scheinen, um ein Rad zu bilden, das Rad der Schöpfung oder des Werdens, denn wir haben es hier mit einem Emblem zu tun, das bekanntlich das schöpferische Feuer aller Dinge darstellt. Unsere prähistorischen Vorfahren identifizierten mit diesem Feuer, das zugleich ein Lebensspender und Baumeister war, ihre höchste Gottheit, die von den Freimaurern als der Große Architekt des Universums verehrt wird. Als Prinzip der Intelligenz und der schöpferischen Aktivität entwirrt es das ursprüngliche Chaos, führt die vier Elemente von der Möglichkeit zur Verwirklichung.

Diese vier Elemente, die die unmittelbaren Emanationen der schöpferischen Kraft sind, entsprechen den Winkeln des Hakenkreuzes, dessen vertikaler Arm gleichzeitig die Luft 🜁 und die Erde 🜃 hervorbringt, während aus dem horizontalen Arm das Feuer △ und das Wasser ▽ hervorgehen.

Die beiden letztgenannten okkulten Elemente wirken, das eine aufsteigend und erweiternd ↓⌊ △, das andere umgekehrt, abfließend und zusammenziehend ↑⌉ ▽. Sie beziehen sich beide auf die Passivität (horizontaler Strich des Kreuzes), um dort die wechselnden Lebensbewegungen zu bestimmen.

Die beiden anderen Elemente (Luft 🜁 und Erde 🜃) sind dagegen passive Ergebnisse eines aktiven Eingriffs: Das eine entspricht der Flüchtigkeit, der Leichtigkeit, die in die Höhe gewandert ist, wo sie nun schwebt ⌈; das andere entstand durch die Ablagerung schwerer Sedimente, die sich durch Verdichtung verfestigten ⌋.

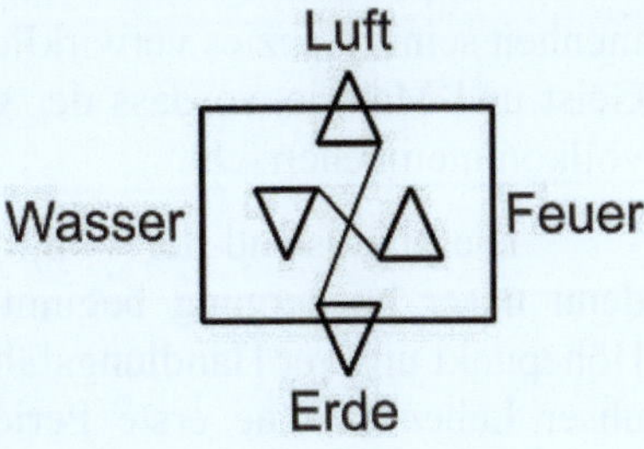

Weinstein (Tartar)

Die Theorie der Elemente, wie wir sie gerade skizziert haben, könnte mithilfe der Zusammenhänge vervollständigt werden, die sich leicht zwischen dem Kreuz ✛, der Swastika 卐 und dem Quadrat □ herstellen lassen.

Zu dieser letzten Figur gehört das längliche Rechteck ▭, das unter dem Namen Langes Quadrat für die Freimaurer den Grundriss der Loge darstellt, in der sie ihre Arbeiten verrichten. Es ist ein Bild des begrenzten Raums, in dem unsere Wahrnehmungen stattfinden. Er erstreckt sich von Westen nach Osten und von Norden nach Süden. Das unendliche Universum spiegelt sich für uns im Kleinen wider, reduziert auf die künstlichen Proportionen der Welt, die wir kennenlernen können. Wenn der Eingeweihte vom Westen aus lernt, in einem langen Quadrat zu laufen, ist das im Grunde genommen eine Lektion in gesunder positiver Philosophie. Um sich dem Licht zu nähern, muss er sich vor Überstürzung hüten und vorsichtig in der begrenzten Zone dessen zu bleiben, was er beobachten kann.

Das Rechteck, das breiter als hoch ist, deutet übrigens auf ein Überwiegen der Passivität hin. Es findet sich auch im Symbol des Weinsteins 🜿, dem Stoff, aus dem die Philosophen ihre Weisheit zu schöpfen wissen. In der

Freimaurerei ist es der grobe Stein, den die Lehrlinge bearbeiten müssen. Er ist in seinem natürlichen Zustand rau und grob von außen, aber innen mit einer kompakten Struktur, die vom Künstler geschätzt wird, der den unförmigen Block von seinen Unebenheiten befreit, um ihn dann zu polieren und ihn schließlich in einen perfekten kubischen Stein zu verwandeln □.

Der Stein der Weisen

Das perfekte Quadrat □ ist das Bild des Individuums, das die Vollkommenheit seiner Spezies verwirklicht, denn in ihm herrscht Harmonie zwischen Geist und Materie, so dass der geistige Arbeiter sein physisches Instrument vollkommen beherrscht.

Dieser Zustand der Vollkommenheit ist jedoch nur von kurzer Dauer, denn unser Niedergang beginnt genau in dem Moment, in dem wir den Höhepunkt unserer Handlungsfähigkeit erreichen. Streng genommen teilt sich unser Leben in eine erste Periode des Wachstums oder der allmählichen Verkörperung des Geistes, auf die unmittelbar die entgegengesetzte Phase des materiellen Verfalls folgt, die auf die fortschreitende Entkörperung des geistigen Prinzips zurückzuführen ist. In Wahrheit unterscheiden wir drei Phasen des menschlichen Lebens; aber das Erwachsenenalter umfasst in Wirklichkeit das Ende der Wachstumsperiode, da es sich immer mehr verlangsamt, und den Beginn des Alters, sofern es sich noch nicht sehr deutlich manifestiert hat.

Wenn er sich von den Fesseln des Fleisches befreit, entwickelt der Geist seine eigenen Kräfte. Asketen kennen einen Zustand der Losgelöstheit, der es ermöglicht, alle Energien des Geistes und des Willens zu nutzen. Der Intellekt kann umso stärker werden, je schwächer der Körper ist. Haben wir nicht gesehen, dass alte Menschen, insbesondere Sterbende eine erstaunliche geistige Klarheit haben? Durch die richtige Ausbildung können außergewöhnliche Fähigkeiten entwickelt werden. Menschen, die sie erwerben können, vollbringen Wunder. Sie können die Massen mit sogenannten Wundern in Erstaunen versetzen. Sie sind nicht immer weise, denn der wahre Eingeweihte wendet sich nicht an die Massen und sucht nie nach Bewunderung; er arbeitet in Stille und Meditation und bereitet seinen Stein der Weisen vor.

Das Symbol für den Stein der Weisen ist ein Quadrat mit einem darüber liegenden Kreuz 🜔. Dies ist nun ein aussagekräftiges Symbol, nachdem oben bereits vom Zeichen des Saturn ♄ sowie von denen des Antimons ♁ und der Vollendung des Großen Werkes 🜍 gesprochen wurde. Der Leser sieht hier das

Schema der gezähmten, geläuterten und sublimierten Materialität, die jetzt nur noch die unabdingbare Stutze für die Manifestation des Geistes ist, der ohne den Ballast, der ihn auf der physischen Ebene zurückhält, endgültig in das Reich der absoluten Loslösung aufsteigen würde.

Im Folgenden fassen wir die wichtigsten Entsprechungen der drei Aspekte des Steins zusammen.

♀ Grober Stein	□ Kubischer Stein	♁ Stein der Weisen
Lehrling	Geselle	Meister
J Jugend	B Virilität	M Alter
Lernen	Üben	Lehren
Erwerben	Verwalten	Zurückgeben
Ankommen	Handlung	Losgehen
Geboren werden Brahma ♃	Leben Vishnu ♂	Sterben Shiva ♄

Die hermetische Einweihung

Wir haben nicht den Anspruch, den Schlüssel zu allen Interpretationen der hermetischen Symbolik zu liefern. Ein Symbol kann immer von unendlich vielen Standpunkten aus betrachtet werden, und jeder Denker ist berechtigt, eine Interpretation zu finden, die mit der Logik seiner eigenen Vorstellungen übereinstimmt.

Symbole sind dazu bestimmt, Ideen zu wecken, die in unserem Verständnis schlummern. Sie stimulieren das Denken durch Anregung und bringen so die Wahrheiten ans Licht, die in den Tiefen unseres Verstandes verborgen sind.

Damit die Symbole sprechen können, ist es folglich unerlässlich, dass wir den Keim der Ideen, die sie hervorbringen sollen, in uns tragen. Wenn der Verstand leer, leblos oder unfruchtbar wäre, dann würde nichts erblühen.

Die Symbole sind daher nicht an jeden gerichtet. Sie verwirren insbesondere jene sogenannten positiven Geister, die sich daran gewöhnt haben, ihre Argumentationen nur auf die Starrheit dogmatischer oder wissenschaftlicher Formeln zu stützen. Der praktische Nutzen dieser Formeln kann nicht bestritten werden. Sie haben das gesamte Gebäude unserer modernen Wissenschaften Stein für Stein errichtet.

Wir verdanken ihnen alle Erkenntnisse des wissenschaftlichen Experimentalismus und alle wunderbaren Entdeckungen, die den Ruhm unserer Zeit ausmachen. Philosophisch gesehen sind präzise Formeln dennoch starre, künstlich abgegrenzte, festgelegte, unbewegliche Gedanken, so dass sie im Vergleich zu den lebendigen, undefinierten, komplexen und beweglichen Gedanken, die sich in den Symbolen widerspiegeln, wie tot erscheinen.

Diese sind natürlich nicht dazu geeignet, das wiederzugeben, was wir als wissenschaftliche Wahrheiten bezeichnen. Es liegt in ihrer Natur, flexibel, vage und mehrdeutig zu bleiben, ähnlich wie Orakelsprüche, wobei ihre wesentliche Rolle darin besteht, die Mysterien zu enthüllen und dem Verstand die Freiheit zu lassen, die er braucht.

In dieser Hinsicht gibt es einen Abgrund zwischen dem Symbol und dem Dogma. Dieses eignet sich für tyrannische Indoktrination und ist das Instrument einer starren und absoluten intellektuellen Disziplin, wie sie in Kirchen, Schulen und Sekten üblich ist. Das Symbol hingegen fördert die Unabhängigkeit zum Nachteil der despotischen Orthodoxie.

Es ist daher nicht verwunderlich, dass alle Einweihungen von dieser Methode Gebrauch gemacht haben, da sie die einzige Möglichkeit ist, der Sklaverei von Worten und Formeln zu entkommen, um die wahre Befreiung des Denkens zu erreichen. Sie ist auch unerlässlich, um in die Mysterien einzudringen, d. h. in jene Wahrheiten, die in Dunkelheit gehüllt sind und sich nur allzu leicht in ungeheure Irrtümer verwandeln, sobald man versucht, sie in einer anderen Sprache als der der symbolischen Allegorie auszudrücken.

Das Schweigen, das den Eingeweihten auferlegt wurde, ist hier begründet. Die Arkana müssen durch eine Anstrengung des Verstandes erschlossen werden: Sie erleuchten den Geist des wahren Erleuchteten von innen und können nicht als Thema für die Abhandlungen eines Rhetorikers dienen. Okkultes Wissen wird weder durch Reden noch durch Schriften vermittelt.

Es kann nur durch Meditation erlangt werden: man muss in sich gehen, um es in sich selbst zu entdecken, und es ist falsch, es außerhalb von sich selbst zu suchen. In diesem Sinne müssen wir Sokrates Γωισατν σεαυτον verstehen.

* * *

Diese Überlegungen werden zweifellos ausreichen, um die Dinge richtigzustellen. Indem wir die grundlegenden Symbole der Hermetik auf die rationellste Weise interpretierten, wollten wir lediglich den Verstand lenken, indem wir zeigten, wie es möglich ist, eine Reihe von geometrischen Figuren zum Sprechen zu bringen. Aber wir haben sie nicht alles sagen lassen, was sie verraten könnten, sondern sie nur um die nötigsten Hinweise gebeten, um eine Vorstellung von der graphischen Sprache zu vermitteln, die die Schüler von Hermes untereinander verwendeten.

Andere Interpretationen müssen unseren Lesern zwangsläufig in den Sinn gekommen sein, und wenn sie logisch hergeleitet sind, sind sie voll und ganz berechtigt. Ch.-M. Limousin, ehemaliger Direktor der Freimaurer-Zeitschrift L'Acacia, übermittelte uns einige sehr interessante Bemerkungen über das Zeichen Merkur, das in seinen beiden Aspekten ☿ und ⛢ betrachtet wird.

Unser gelehrter Briefschreiber betrachtet diese beiden Zeichen als androgyn. Er schrieb: „Die Kaiserin ⛢ ist höchstens eine Erinnerung an die Chtonolatrie, an die Zeit, als man glaubte, dass die Frau durch Immanenz, eine ihr innewohnende schöpferische Tugend, durch Spaltung gebären würde.

Es scheint mir, dass Merkur ☿ die *intellektuelle Schöpfung* symbolisieren soll. Seine nach oben gerichtete Schale empfängt das Wasser des Himmels, das durch den erzeugenden oder begrifflichen Hohlraum fließt, um sich in Abstraktionen und Entitäten zu verwirklichen (das Kreuz als Symbol für die Schöpfung durch das Zusammentreffen der Ebenen). Die Kaiserin ⛢ hat ihren Kelch nach unten gerichtet, um den Tau zu empfangen, der von der Erde aufsteigt; dieser Tau fließt auch durch die Höllengrube und wird durch das Kreuz in Ideen aufgelöst. Beide Symbole werden in der Formel der Smaragdtafel zusammengefasst: Was oben ist, ist wie das, was unten ist."

Die alchemistischen Zeichen eignen sich für die Komposition von Pantakeln, d. h. von Figuren, die komplexe Konzepte andeuten.

Durch die Überlagerung von ☿ mit ▽ und 🜍 mit ☊ erhalten wir zwei Zeichnungen, von denen eine die Umkehrung der anderen ist:

Das erste erinnert an den göttlichen Geist, der über das Wasser schwebt, also an den Einfluss, der von oben auf die Seele ausgeübt wird; das zweite verherrlicht das wirkende Feuer, den gereinigten Schwefel 🜍, der über das Salz herrscht ℧.

Auf der einen Seite wird der Urstoff ♉ durch die Vollendung des Großen Werkes verherrlicht 🜄; auf der anderen Seite inspiriert die himmlische Jungfrau ♀ die heilige Glut der höchstens Liebe △.

Es gibt viel zu meditieren über diese beiden Figuren, die Hieroglyphen des Abstiegs des Göttlichen in die gereinigte Seele und des Aufstiegs des Höllenfeuers, das durch die Vollendung seines reinigenden Werkes himmlisch geworden ist.

Ein beunruhigender Symbolismus

Gutachten über ein alchemistisches Gemälde, das lange Zeit in einer Kirche zur Erbauung der Gläubigen ausgestellt war und dann verdächtigt wurde, ein perverses Werk zu sein, das den Freimaurern zuzuschreiben sei.

Der Courrier de la Champagne führte gerade den Kampf gegen die Freimaurerei in Reims, als er den folgenden Brief erhielt, den er am 26. Januar 1907 eilig veröffentlichte:

„Herr Direktor,

Ich glaube, ich sollte Ihren Mitarbeiter, den F... Curieux, auf ein Bild von großem Interesse hinweisen, um die Heuchelei der Freimaurerei und das Fortbestehen ihrer antireligiösen Ziele unter den religiösesten Äußerlichkeiten zu belegen:

Dieses Gemälde war noch vor einigen Jahren in der Kirche Saint-Maurice in Reims ausgestellt. Der Kanoniker Cerf beschrieb es in Band III, Seite 85 des *Bulletin du Diocèse* und bemühte sich um eine christliche Erklärung. Vor etwas mehr als zwei Jahren teilte der Pfarrer X... dem Klerus der Gemeinde das Ergebnis langer Studien zu demselben Gemälde mit. Seine Schlussfolgerung war, dass jedes noch so kleine Detail ein Symbol der Freimaurer war. Seine Erklärung war so plausibel, dass das Gemälde seither aus der Kirche entfernt und in der Sakristei aufbewahrt wurde. Herr Malhomme, Fotograf in der Rue des Moulins, machte, glaube ich, ein Foto davon.

Diese Angaben, so scheint es mir, können dazu dienen, Ihren Berichterstatter zu unterstützen.

Ich bitte Sie, Herr Direktor, meine respektvollen Grüße entgegenzunehmen.

Emile Peck,

Pfarrer von Fligny.“

Am nächsten Tag, dem 27. Januar, hielt es Henri Jadart, Bibliothekar und Kurator der Museen für Malerei und Archäologie der Stadt Reims, in seiner Eigenschaft als ehemaliger Verwaltungsrat der Kirche St. Maurice für seine Pflicht, das angeklagte Gemälde zu verteidigen, an dem er besonders interessiert war.

Das Gemälde, so sagt er, wurde von den Jesuiten hinterlassen, die die Kirche 1762 verließen, und den Verzierungen des Rahmens zufolge stammt es aus dem frühen siebzehnten Jahrhundert. Ein Rahmen desselben Typs, der im Museum zu sehen ist, trägt die Jahreszahl 1624, was auch ungefähr das Datum des Gemäldes der Jesuiten sein muss.

„Diese Herkunft und dieses Datum reichen aus, um den angeblichen freimaurerischen Charakter absolut und von vornherein auszuschließen, der sich auch nicht aus einer sorgfältigen und unvoreingenommenen Prüfung des Werkes an sich ergibt."

Laut Herrn Jadart ist diese eindeutig der Verherrlichung der Jungfrau Maria, die Christus geboren hat, gewidmet. Es stimmt, dass einige symbolische Attribute sehr rätselhaft bleiben, aber wer ist dafür verantwortlich, wenn nicht die "einzigartige Mystik der Jesuiten", deren Phantasie sich manchmal in den seltsamsten Verstrickungen verliert.

Wir erfuhren, dass diese verwirrende Mystik auf Initiative von Abbé Nanquette auf dem wissenschaftlichen Kongress in Reims 1845 diskutiert wurde, ohne dass damals etwas Konkretes festgestellt werden konnte. Seitdem wurden einige Erklärungen von Herrn Lacatte-Joltrois und Herrn Abbé Cerf geliefert; weitere Erklärungen wurden im Répertoire archéologique des paroisses de Reims (1889) gesammelt, aber die genaue Bedeutung des Gemäldes muss noch enthüllt werden.

Um den Symbolismus des Gemäldes von Saint-Maurice de Reims zu interpretieren, könnte es übrigens interessant sein, gleichzeitig ein anderes Gemälde mit demselben Stil, derselben Epoche und zweifellos derselben Herkunft zu untersuchen, das in der Kirche von Sillery ausgestellt ist.

Herr A.-C. de la Rive, Direktor von *La France Chrétienne*, griff in die Debatte ein und erklärte, dass die Symbole auf dem Gemälde von Saint-Maurice die des Martinismus seien und dass der Maler den Triumph der Isis, die Horus geboren hat, darstellen wollte. Er ist mit der Freimaurerei vertraut, da er täglich gegen sie kämpft. Herr Jadard erwiderte, dass es sich nicht um Martinismus handeln könne, da das verdächtige Gemälde eindeutig vor der Zeit entstanden sei, in der Martinez Pasqualis und Claude de Saint-Martin, genannt *der unbekannte Philosoph* bekannt wurden.

Ein Archivar, Herr L. Demaison, hat übrigens bestätigt, dass das Gemälde in der Kirche Saint-Maurice für jeden Experten den Charakter eines Werkes aus der späten Regierungszeit von Heinrich IV. oder Ludwig XIII. hat. Er fügte hinzu, dass einige Künstler aus dieser Zeit uns mit subtilen, raffinierten und obskuren Allegorien faszinieren.

Ein anderer Priester fragte jedoch, ob wir es hier wirklich mit einem Gemälde aus dem 15. Jahrhundert zu tun haben, wenn die Hauptfigur von der Jungfrau von Saint-Sulpice inspiriert ist. Gemeinsam mit einem so kompetenten Archäologen wie Herrn Didron entscheidet er sich dementsprechend für das 18. Jahrhundert und sieht keine Unmöglichkeit, dass das Werk freimaurerisch ist.

Ein Punkt ist für ihn jedoch unbestreitbar: die dargestellte Jungfrau ist nicht die Mutter Christi. Der Künstler lässt sie tatsächlich sagen: ΠΡΕΟ ΟΣ ΤΚΝ ΤΚΟ Μ ΕΟΣ ΤΚΗΑΣ, („Ich bin als Jungfrau geboren und ein Kind bekommen, und ich habe keine Eltern").

Der zweite Teil des griechischen Verses ist zweideutig, aber er scheint zu besagen, dass die Jungfrau, die das Kind geboren hat, keine Eltern hatte, was bei der Mutter Jesu nicht der Fall ist, da sie die Tochter des Heiligen Joachim und der Heiligen Anna war. Es handelt sich also um Isis, die Personifizierung der ewigen Natur, die von den Jesuiten nie verehrt wurde. Daher die Notwendigkeit, das Gemälde einem heidnischen Maler, Martinist oder Freimaurer zuzuschreiben.

Der Streit um den freimaurerischen Charakter des Gemäldes in der Kirche Saint-Maurice in Reims spitzte sich zu, und die Zeitschrift „Acacia" schrieb in ihrer Nr. 51 (1. Jahrgang, 1907, Seite 224) über das Thema und fragte sich, warum die Freimaurer nicht aufgefordert wurden, sich zu diesem Thema zu äußern. Herr de la Rive war bereit, unsere Expertise in Anspruch zu nehmen und ließ eine Reihe von Fotografien des Ganzen und der Details des umstrittenen Gemäldes an die Direktion der „Acacia" senden. Er fügte ein Manuskript bei, in dem er sich bemüht, nachzuweisen, dass alles an dieser Komposition, die fälschlicherweise für ein religiöses Gemälde gehalten wurde, freimaurerisch ist.

* * *

Dass es sich hierbei nicht um ein gewöhnliches religiöses Bild handelt, gestehen wir Herrn de la Rive sofort zu. Wir haben es hier mit einer esoterischen und sogar initiatorischen Malerei zu tun, aber die Freimaurerei hat damit nichts zu tun.

Die Symbolik, um die es hier geht, ist nicht die unsere, sondern die der Alchemie. Es ist erstaunlich, dass die Gelehrten, die sich mit dem Gemälde in der Kirche Saint-Maurice befassten, dies nicht sofort bemerkten. Keiner von ihnen hatte die Neugierde, in Abhandlungen über spagyrische Kunst oder hermetische Philosophie zu blättern, wie z. B. die Zwölf Schlüssel von Basil Valentin, die im Laufe des 17. Jahrhundert in großer Zahl erschienen sind. Zu dieser speziellen Literatur gehört zweifellos ein Bild, mit dem die Jesuiten sehr gut leben konnten, da die Alchemie nie exkommuniziert wurde.

Diese anspruchsvolle Philosophie, die stets unter dem Schleier einer komplizierten Symbolik gelehrt wurde, zählte viele Würdenträger der Kirche zu ihren Anhängern. Es stimmt, dass dies nicht viel beweist, denn dasselbe kann man auch über die Freimaurerei des achtzehnten Jahrhunderts sagen. Eines steht jedoch fest: Der katholische Klerus war nicht immer das, was er heute ist. Es gab Zeiten, in denen einige Priester sehr kultiviert und weise waren und über mehr Wissen verfügten als Laien in den Wissenschaften ihrer Zeit. Zu Beginn des siebzehnten Jahrhunderts waren die Geister von Spekulationen besessen, die wir heute nur schwer glauben können. Ein besonderer Mystizismus, der sich unter dem Einfluss von Kabbala und Alchemie entwickelt hatte, schuf ein sehr interessantes esoterisches Christentum. Dank der transzendentalen Interpretationen, die mit den traditionellen und populären Symbolen des Katholizismus verbunden waren, wurde die Vernunft mit dem Glauben versöhnt. Die elitären Intelligenzen wurden nicht mehr von den kindischen Katechismen abgeschreckt, sondern blieben im Schoß der heiligen Kirche, deren Lehren vielen Ungläubigen und Häretikern nun als vernünftig erschienen. Die Jesuiten könnten damals daran gedacht haben, die Hermetik zu nutzen, um Protestanten, Juden und Muslime zu bekehren, sofern sie an diesen geheimen Wissenschaften interessiert waren, die zu jener Zeit weltweit populär waren.

Die esoterische Lehre, die einige Mitglieder der Gesellschaft Jesu angezogen haben mag – und zwar nicht die unbedeutendsten - war sicherlich nicht streng orthodox. Das spielte aber keine Rolle, denn diese Themen wurden nie öffentlich gepredigt.[1)] Die Esoterik ist nicht für die Massen geeignet, die nach viel größerer geistiger Nahrung verlangen. Aber es gibt eine intellektuelle Aristokratie, die dank der bewundernswerten Ressourcen der Symbolik zufriedengestellt werden kann, ohne etwas zu verraten. „Sprechen wir nicht unnötig, bewahren wir das den Eingeweihten lieb gewordene Schweigen, aber zeichnen wir Figuren, die ebenso viele Rätsel für die Klugheit des Beobachters darstel-

1) Wenn die höheren Interessen der Kirche auf dem Spiel standen, zeigten sich die Jesuiten sehr entgegenkommend. So zögerten sie nicht, die Ahnenverehrung zu katholisieren, um China zu erobern.

len.“ Dies war die traditionelle Methode, die die Jesuiten zweifellos anwenden wollten.

Wenn überhaupt, reicht sie für die Verbreitung transzendenter Wahrheiten aus. Diejenigen, die Augen haben, um zu sehen, können unterscheiden. Die anderen betrachten selig, ohne etwas zu verstehen. Jeder versteht, je nach seinem Grad der Einweihung. Dies ist reine Einweihung, isiasische oder natürliche Einweihung, unabhängig von jeglicher physischer Organisation.

Diese Einweihung liegt in der Natur der Dinge. Sie hat schon immer existiert, sozusagen schwebend über Kirchen oder Einweihungsgesellschaften, die sicherlich nicht in der Lage waren, das höhere Ideal der Einweihung zu verwirklichen.

In anderen Zeiten glaubte man, dass in der Zukunft die Esoterik und die Freiheit der Interpretation die Grundlage für eine Kirche des Heiligen Geistes sein würde, die mit dem Evangelisten Johannes verbunden ist, so wie die Kirche Jesu Christi, die konservativ gegenüber der Exoterik und der dogmatischen Disziplin ist, auf dem Namen des Heiligen Petrus[1)] aufgebaut wurde. Einige Jesuiten scheinen den kühnen Plan gefasst zu haben, sich an die Spitze einer erweiterten Kirche zu stellen, die einen integralen, d. h. wahrhaft universalen Katholizismus verwirklichen sollte.

Wenn sie gescheitert sind, dann sicherlich deshalb, weil sie nicht wüssten, wie sie sich in den wesentlichen Bedingungen positionieren sollten, um sinnvoll an der Vollendung des Großen Werkes mitzuwirken. Sie hätten das Banner an andere übergeben sollen, die vielleicht mehr Erfolg gehabt hätten!

* * *

Lassen Sie uns nun das berühmte Gemälde betrachten, das Herr de la Rive etwas übereilt als Freimaurerei bezeichnet hat, was nicht richtig ist. Ein Symbol ist nicht notwendigerweise freimaurerisch, nur weil es von den Freimaurern verwendet wurde.

Was wir von anderen geliehen haben, wird nicht allein dadurch zu unserem Eigentum. Wir möchten ehrlich sein und jedem das zurückgeben, was ihm gehört.

---

1) Um diese Kirche bei der Nachwelt zu akkreditieren, griff ihr Gründer auf ein Wortspiel zurück, das zweifellos geistreich, aber unter diesen Umständen wirklich nicht ernst zu nehmen war. Es wurde angenommen, dass die Kirche des Petrus nur ein Zugeständnis an die menschliche Unintelligenz war und die wahre Tradition, dem Lieblingsjünger Johannes, anvertraut wurde.

Croquis de la peinture alchimique de l'Église Saint-Maurice de Reims avec agrandissement des détails caractéristiques pour l'étude du symbolisme.

So gesehen bleibt uns kein besonders großes Erbe. Alles, was wir haben, sind die Werkzeuge der Baumeister, die Säulen J. und B., der Flammende Stern und das ist alles. Das gleichseitige Dreieck, mit oder ohne Auge, gehört uns ebenso wenig wie die Akazie, unsere heilige Pflanze, die auch die der Ostjuden ist.

Unter all den Symbolen, die auf dem Gemälde der Kirche Saint-Maurice zu sehen sind, gibt es kein einziges, das im strengen Sinne des Wortes freimaurerisch ist. Allenfalls könnte man diesen Charakter dem kleinen Tempel zuschreiben, den die Jungfrau mit ihrer linken Hand stützt.

Aus einem der Fenster ragt ein langer horizontaler Balken, an dessen Ende ein Lot hängt. Das ist nicht viel, um eine ganze Komposition zu exkommunizieren.

Herr de la Rive fand jedoch fast alle anderen Symbole in freimaurerischen Dokumenten. Das ist wahr, aber er hätte sie auch anderswo finden können, wenn er sich nur die Mühe gemacht hätte.

Nachdem wir diesen Punkt geklärt haben, wenden wir uns nun dem grafischen Rätsel zu, das wir vor uns haben. Wir haben nicht den Anspruch, alles zu erklären, und unsere Ambitionen beschränken sich darauf, den Boden für diejenigen zu bereiten, die nach uns kommen und ihre Untersuchungen weiter vorantreiben können.

* * *

Wie Herr de la Rive bemerkte, muss der Maler von Vergils IV Ekloge inspiriert worden sein, das die baldige Rückkehr des Goldenen Zeitalters ankündigt, das von der Sybille de Cumas prophezeit wurde. Der Dichter ahnt, dass das eiserne Zeitalter dank des Auftretens einer neuen Rasse, die vom Himmel herabsteigen wird, zu Ende geht. Astreia, die Jungfrau, wird den Erlöser gebären, der die gesegnete Herrschaft des Saturn über die Welt bringen wird.

Diese Herrschaft entspricht nach Herrn de la Rive dem Reich des Gottes der Christen und wird im *adveniat regnum tuum* des *Vaterunsers* angedeutet.

Die hermetischen Philosophen glaubten in ihrer Eigenschaft als Eingeweihte an die Möglichkeit, durch Intelligenz, Gerechtigkeit und Tugend Glück auf die Erde zu bringen. Ihr *Großes Werk* wollte nichts anderes, denn die Verwandlung von Blei in Gold war für sie ein Symbol, das nur unwissende und gierige Bläser wörtlich nahmen.

Unter diesen Umständen ist es nicht überraschend, dass auf dem Gemälde von Saint-Maurice de Reims zur Rechten des Betrachters der Tempel der Sibylle von Cumae zu sehen ist. Dieses kreisförmige Gebäude ist die Heimat von Saturn, wie das Attribut des Gottes, die Sense, anzeigt, die durch ein absichtlich geschaffenes Oberlicht führt. Saturn erntet, was seinen Zweck erfüllt hat; er bewirkt die Zersetzung dessen, was keine Daseinsberechtigung mehr hat, und wird so zum großen Verwandler.

Die Sibylle steht auf der Schwelle des Tempels, ihre rechte Hand ruht auf einer Harfe, während ihre linke Hand ein offenes Buch mit der Zahl 9 hält.

Diese Zahl ist auch die Zahl von Saturn, auf die sich das Arkanum IX des Tarots[1] bezieht, sowie die 9 der Sephiroth, Jesod oder das Fundament[2]. Sie ist die Zahl des Geheimnisses schlechthin, in das unsere Intelligenz eindringen soll.

Der Eremit ט

Das Buch, das die Sibylle in der Hand hält, ist also das Buch der okkulten Wissenschaften. Es ist auch möglich, dass ihre Wahrsagekunst auf der Wahrnehmung der Musik der neun himmlischen Sphären beruht, deren Töne von der Harfe aufgenommen werden.

Sind die goldenen Münzen, die der Sibylle zu Füßen fallen, eine Anspielung auf die Orakel, die an Tarquin den Prächtigen verkauft wurden, oder sind sie, wie im 12. Arkanum des Tarot, ein Symbol der Entsagung? Vergessen wir nicht, dass die notwendige Voraussetzung für die Ausübung der Wahrsagerei ist, dass man weiß wie man sich von wertvollen Metallen trennt.

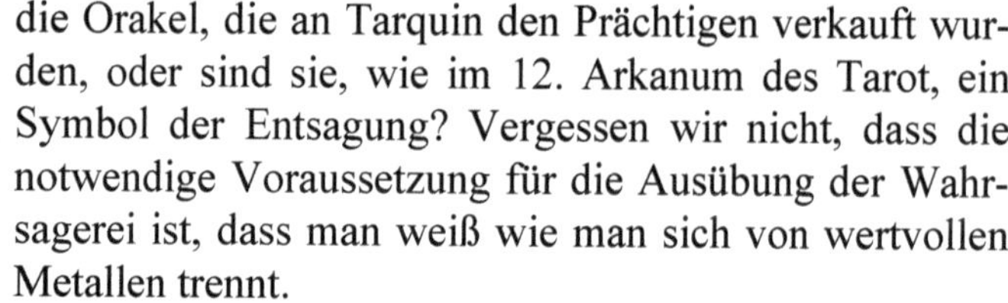

Wir sind überrascht, zwei Trompeten spielende Tritonen zu sehen, die auf der halbkugelförmigen Kuppel stehen, die das Dach des Tempels der Sibylle bildet. Wie ist es möglich, dass diese Wasserungeheuer diese Position unter freiem Himmel gesucht haben? Sie sind zweifelsohne Bewohner des Ozeans, der aus den oberen Wassern des

1) Der neunte Schlüssel des Tarot zeigt einen weißbärtigen Einsiedler, der die Erfahrung und die Tradition verkörpert. Er ist der Denker, der durch sein intensives Studium in die verborgensten Mysterien eingedrungen ist.

2) Es geht um das unsichtbare Gefüge der Dinge, den okkulten Plan, nach dem Organismen aufgebaut sind.

Firmaments besteht, das durch das Dach des Tempels dargestellt wird. Ihre Aufgabe ist es, empfindsamen Seelen die Vorahnung dessen zu vermitteln, was sich bald erfüllen wird.

Ihre Trompeten richten sich auf ein Schiff, das auf stürmischer See segelt und dessen Segel durch den Atem der Tritonen gebläht zu sein scheinen.

Wir werden auf dieses Schiff und seine Besatzung zurückkommen, nachdem wir die Bedeutung der Hauptfigur des vorliegenden Gemäldes erläutert haben.

Der Maler ließ sich diesmal von der Apokalypse inspirieren, deren Kapitel XII wie folgt beginnt:

„Ein großes Zeichen erschien am Himmel: eine Frau, mit der Sonne umkleidet, der Mond unter ihren Füßen und auf ihrem Haupt ein Kranz von zwölf Sternen. Sie war gesegneten Leibes und schrie in Wehen und Schmerzen des Gebärens." (Offenbarung 12: 1, 2)

Dann erwähnt er einen großen roten Drachen, dessen Schwanz den dritten Teil der Sterne herunterreißt und sie auf die Erde wirft. Dieses Ungeheuer stand vor der Frau, um ihr Kind zu verschlingen, sobald sie es zur Welt gebracht hatte.

Aber es gab einen Kampf im Himmel: „...und der große Drache wurde gestürzt, die alte Schlange, die den Namen Teufel und Satan trägt, der den ganzen Erdkreis verführt; er wurde hinabgestürzt auf die Erde, und seine Engel wurden mit ihm gestürzt. Als der Drache sah, dass er auf die Erde gestürzt war, verfolgte er die Frau, die den Knaben geboren hatte. Der Frau aber wurden die zwei Flügel des großen Adlers gegeben, so dass sie in die Wüste fliegen konnte." (Offenbarung 12: 9-14)

Für die Eingeweihten stellt diese Frau die sublimierte Substanz dar, in der der göttliche Gedanke verkörpert ist. Sie geht von Gott, dem Vater, aus, der als ewiger und allgegenwärtiger Ausgangspunkt aller Aktivitäten und folglich als das Prinzip des universellen Denkens angesehen wird.

Sein Sohn ist die unmittelbare Ausstrahlung seiner selbst, aus der sein Gedanke als Akt, sein Wort oder Verb, das die eigentliche Handlung der Göttlichkeit ist, hervorgeht.

Vom Vater und vom Sohn geht gleichzeitig der Heilige Geist aus, das unmittelbare Ergebnis des göttlichen Gedankens, der noch nicht formuliert oder ausgedrückt ist, aber sozusagen in der göttlichen Mentalität geistig erdacht wurde.

Dieser transzendente Gedanke, der in seinem eigenen Wesen unzugänglich ist, kann sich nur manifestieren, wenn er in einem Verständnis Gestalt annimmt, das aufgrund seiner außergewöhnliche Reinheit für ihn empfänglich ist. Dies erklärt die Funktion des Heiligen Geistes, der die Unbefleckte Jungfrau des Katholizismus befruchtet.

Wenn diese Jungfrau esoterische Analogien mit Isis und vielen anderen heidnischen Gottheiten aufweist, so erklärt sich dies aus der Tatsache, dass es nur eine Esoterik[1)] gibt, die sich je nach der Phantasie der Dichter-Philosophen, den Schöpfern der primitiven Mythen, auf unterschiedliche Weise manifestiert.

Unter diesen Umständen fehlt es den heutigen Katholiken an Synkretismus, wenn sie sich weigern, ihre eigene Heilige Jungfrau in der Königin des Himmels, die auf dem Gemälde von Saint-Maurice de Reims verherrlicht wird, zu erkennen, denn es ist die Mutter Christi, die der Künstler darstellen wollte. Es ist wahr, dass der Christus der ehrwürdigen Väter des 17. Jahrhunderts vielleicht nicht mit dem Jesuskind unserer Verehrer übereinstimmte: Er entsprach einer unendlich höheren Vorstellung.

Kurz gesagt: Wenn das verdächtige Bild in religiöser Hinsicht irgendwie versagt, dann gerade wegen seines übermäßigen Katholizismus im wahrsten Sinne des Wortes. Das Ziel war eine Katholisierung oder Universalisierung, die weit über das hinausgeht, was der unaufgeklärte Glaube einer Herde, die ihren göttlichen Hirten nicht ehrt, zulassen konnte.

Um die Einweihungssymbolik des Mittelalters und der Renaissance richtig zu deuten, benötigen wir die Hilfe der zweiundzwanzig kabbalistischen Schlüssel des Tarot. Dies ist das wahre Alphabet der Eingeweihten, mit dessen Hilfe ein kluger Geist lernen kann, bestimmte grafische Rätsel zu entschlüsseln, die dazu bestimmt sind, Geheimnisse zu übersetzen, die gefährlich wären, wenn sie wahllos verbreitet würden.

Breiten wir also die Seiten dieses geheimnisvollen Traktats der hohen Philosophie vor uns aus und suchen wir darin nach unserer Jungfrau aus dem Gemälde von Saint-Maurice.

Wir werden sie sofort in der Kaiserin des Arkanums III erkennen. Diese Königin des Himmels stellt für uns die jungfräuliche Mutter aller Dinge dar. Sie trägt das Zepter der universellen Fruchtbarkeit und ähnelt damit Venus-Urania und der babylonischen Ishtar, die als Erzeugerin der idealen Formen

---

1) In ihm liegt der Katholizismus (Universalismus) des Verständnisses oder der Gnosis, d. h. des lebensspendenden Geistes, der dem engstirnigen Sektierertum der Kirchen, dem Sklaven des toten Wortes, entgegengesetzt ist.

oder Standardideen gilt, nach denen alles erschaffen wird. Ihr Reich ist der leuchtende Ozean, in dem sich die schöpferischen Gedanken widerspiegeln und dessen Wellen den Höheren Wassern der Genesis entsprechen, die durch das Firmament von den niederen Wassern getrennt sind. Sie hat die Flügel, die der Seher von Pathmos ihr zuschreibt, zwölf Sterne bilden auf ihrem Haupt eine strahlende Krone, während ihr Fuß auf der Mondsichel ruht. Sie ist in der Tat eine ätherische Figur, die in den erhabenen Regionen der reinen Intellektualität über der veränderlichen oder sublunaren Welt schwebt.

Ohne sich der symbolischen Details bewusst zu sein, lassen sich die meisten Künstler verführen und stellen den Fuß der Jungfrau auf die Mondsichel, deren Spitzen nach oben zeigen. Es gibt jedoch auch Jungfrauen, deren Fuß auf der Konvexität eines umgedrehten Halbmondes mit nach unten gerichteten Spitzen ruht.

Aus hermetischer Sicht ist dies viel korrekter, denn das Arkanum III, reduziert auf ein Ideogramm, ist im Zeichen des umgekehrten Merkur zusammengefasst ☿.

Das zentrale Element dieses Zeichens, der leere Kreis ○, steht für die ursprüngliche, universelle und notwendigerweise einzigartige Substanz. Nach Pernéy ist es Alaun, „das grundlegende Prinzip der anderen Salze, der Mineralien und der Metalle".

Je nachdem, ob die Sichel oberhalb oder unterhalb des Kreises platziert wird, erhält man entweder Alaunsalz ♉ oder Steinsalz ☋, die beide an der chaotischen universellen Substanz beteiligt sind. Aber das erste ♉ ist eine Substanz, die vom Mond beherrscht wird und daher unendlich wandelbar ist; es ist das Rohmaterial des Großen Werks, der Gegenstand aller Metamorphosen der Natur und der Kunst. Das zweite ☋ steht für eine Substanz, die unveränderlich geworden ist, weil alle möglichen Verarbeitungen in ihr vollzogen worden sind. Es ist eine Materie, die so vergeistigt ist, dass sie sich allen niederen Einflüssen entzieht, während sie in der Lage ist, eine mächtige modifizierende Wirkung auf alles auszuüben, was der Veränderung unterliegt.

Aber welche Bedeutung fügt das Kreuz den Elementen hinzu, die bereits so bedeutsam sind? Es spielt keineswegs auf den Tod an, wie man meinen könnte, sondern ist das Zeichen des Lebens schlechthin. Dies ergibt sich aus dem Zusammentreffen zweier Gegensätze: dem Agens, dargestellt durch die vertikale Linie |, und dem Patienten, dargestellt durch die horizontale Linie —. Es gibt kein Leben ohne Arbeit, ohne eine Verarbeitung des Passiven durch das Aktive, der trägen Materie durch eine intelligente Kraft.

Jungfrau in der Sakristei der Kirche des Heiligen Thomas von Aquin in Paris. Holzschnitzerei aus dem 17. Jahrhundert. Der spanische Künstler hat die traditionelle Symbolik mit Bedacht eingesetzt.

Wie die Mondsichel wird auch das Kreuz manchmal über und manchmal unter dem alchemistischen Symbol gezeichnet. Im ersten Fall steht es für ein vollendetes Werk, eine unwiderruflich erlangte Vollkommenheit. Im zweiten Fall hingegen handelt es sich um eine vitale Aktivität, die noch ausgeübt werden muss. Es sind latente Formen, die wie in einem Keim konzentriert sind und darauf warten, dass sie sich entwickeln können.

Das Symbol ♁ kann sich nur auf eine feinstoffliche Entität beziehen, die ihre höchste Stufe der Entwicklung, Reinheit und aktiven Kraft erreicht hat. Die Hermetiker haben dieses Symbol ihrem Antimon zugeordnet, das ihr permanentes und himmlisches Wasser bezeichnet, mit dessen Hilfe sie das philosophische Gold läutern und es von aller Unreinheit reinigen. Wenn wir dieses Prinzip in unserer Persönlichkeit suchen, werden wir in ihm das erkennen, was unsere Väter die intellektuelle Seele nannten, die uns von der Materie[1] befreien, uns erheben und vergeistigen will.

Diesem Prinzip des entmaterialisierenden Aufstiegs steht die Venus ♀ gegenüber, die instinktive Seele, die den Geist ständig dazu anregt, in die Materie hinabzusteigen, um zu inkarnieren.

Kurz gesagt, die Zeichen ♁ und ☊ sind in ☿ vereint, dem Ideogramm der himmlischen Jungfrau, die die höchste Spiritualität, die Intelligenz (Binah) oder das Verständnis (Gnosis) verkörpert, im Gegensatz zur Brutalität, der Unwissenheit, dem Unverständnis oder dem Wahnsinn, die von der Bestie der Apokalypse, der Pythonschlange oder dem Drachen repräsentiert werden,

---

1) Beachten Sie, dass die Jungfrau auf dem Gemälde von Saint-Maurice durch die Haltung ihrer Arme ein Kreuz bildet, das über den Kreis hinausgeht, der durch das Tuch angedeutet wird, das den unteren Teil ihres Körpers umgibt. Ob absichtlich oder nicht, hat der Maler das Symbol ♁ heraufbeschworen.

dessen blinde Wut gegen die Gelassenheit des Herrschers des spirituellen Reiches machtlos ist.

Dieses Ungeheuer ist eine Art Sphinx, die aus den vier Elementen hervorgegangen ist. Der vordere Teil seines Körpers ist der eines Löwen, der Flammen spuckt (Erde und Feuer); aber er hat Flügel (Luft) und sein Körper ist der eines Wassertiers (Wasser). Es repräsentiert die elementare Materie, die durch Intelligenz überwunden, gezähmt und gebändigt werden muss.

Im Arkanum XI des Tarots finden wir die Frau aus dem Arkanum III wieder, die ohne die geringste Anstrengung die Kiefer eines wütenden Löwen auseinanderhält. Es ist die Kraft, nicht die physische Energie, sondern die unwiderstehliche Macht der Gedanken, die über alle Brutalität triumphieren muss.

Dieselbe Frau kehrt im Arkanen VIII unter dem Aspekt der Gerechtigkeit zurück.[1] Hier verkörpert sie die notwendige Logik, die unverzichtbare Vernunft, die das universelle Gesetz formuliert, nach dem sich alles in der Natur vollzieht. Dies ist das leitende Prinzip allen organischen Lebens, dank dem das ursprüngliche Chaos entsteht und aus dem jene wunderbare Ordnung hervorgeht, die der achten Sefira den Namen Hod gibt, was *Glanz* und *Herrlichkeit* bedeutet.

Man fragt sich, ob nicht die acht Sterne, die auf dem Gemälde von Saint-Maurice den Kopf der Jungfrau umgeben, an diese Sefira erinnern sollten.

Im Gegensatz zu dieser Krönung aus Pentagrammen sehen wir zu Füßen der Jungfrau und genau auf der Achse der Figur eine geflügelte Weltkugel, die seitlich durch einen Kreis in zwei Halbkugeln geteilt ist. Dieses Detail ist wichtig, denn es erinnert uns an Nitro ⦶, das von den Alchemisten auch Cerberus oder Hölensalz genannt wird. Vergessen wir in diesem Zusammenhang nicht eine der geheimnisvollsten Interpretationen der Initialen INRI: Igne Nitrium Roris Invenitur – Durch das Feuer wird das Nitro des Taus entdeckt. Der Tau ist das himmlische Wasser, das auf der Oberfläche der Körpers

---

1) Die Arkane III, VIII und IX des Tarot zeigen die zodiakale Jungfrau, die in Arkanum III (August) isoliert dargestellt wird, in Arkanum VIII die Äquinoktialwaage (September) hält und in Arkanum XI die Glut des Löwen vom Juli beruhigt.

kondensiert. Er ist das Reservoir des universellen Geistes der Natur, der im Nitro konzentriert ist, das uns somit als eine im Wesentlichen aktive Substanz, als Träger der aktivsten Energien erscheint. Im menschlichen Wesen ist es das, was wir die treibende Seele nennen könnten, der Stimulator aller unwiderstehlichen Impulse.

Das *Nitro des Taus* ist der Teufel in uns, den wir in den Dienst des himmlischen Ideals stellen; es ist die ungeduldige und gehorsame Reaktion auf die Inspiration.

Die impulsive Leidenschaft zeigt sich besonders unter dem Einfluss der Venus, der Frau, die mit einem brennenden Herzen in der Hand gleichsam der geflügelten Weltkugel entflieht. Es ist die veräußerlichte Leidenschaft, die die Liebe gebiert, d. h. eine blinde Kraft – Amor mit verbundenen Augen – die strengen Gesetzen unterliegt. Diese Sentimentalität, die eher physiologischer Natur ist, wird im sublunaren Reich unterdrückt, über das sich die reine Spiritualität erhebt.

Diese hat als Boten die beiden pummeligen Engel, deren Köpfe auf beiden Seiten der Jungfrau erscheinen. Sie pusten den geistigen Wind. Der rechte hat einen roten Flügel, der linke einen weißen Flügel. Diese Farben entsprechen den Säulen Jachin bzw. Boas, denn Inspiration kann zum Handeln anregen (rot) oder das Verständnis erhellen (weiß).

Das gesamte Werk von Saint-Maurice berücksichtigt diesen Dualismus. Alles, was sich von der Jungfrau aus gesehen rechts befindet, bezieht sich auf die Ausübung des Großen Werkes, auf seine Verwirklichung auf dem feuchten oder mystischen Weg, daher das Schiff, das auf den Wellen des Kosmischen Ozeans schaukelt.

Die linke Seite hingegen ist für die Theorie reserviert, für die Kontemplation, durch die der Adept die Geheimnisse einer für ihn ausreichenden Weisheit erobert.[1)] In diesem Sinne handelt er auf dem trockenen oder rationalen Weg, ohne den festen Boden zu verlassen, dessen Festigkeit ihm die Grundlage für einen transzendenten Positivismus bietet.

* * *

Bleiben wir für den Moment im Bereich der Gnosis oder der spirituellen Erleuchtung, deren idealer Tempel uns von der Jungfrau vorgestellt wird.

---

1)Bekannt für diejenigen, die den Flammenden Stern gesehen und die Bedeutung des Buchstabens **G** vertieft haben.

Dieses runde Gebäude weist vier Fenster auf, in deren Mitte die Embleme der vier Elemente erscheinen: die Sense des Saturn (Erde), der Dreizack des Neptun (Wasser), der Donnerkeil des Jupiter (Feuer) und der Caduceus des Merkur (Luft). Aber dieses Quaternär wird durch den Hahn vereint, der sich auf der Kuppel des Heiligtums befindet. Dieser Vogel, der Merkur, dem Gott der subtilen Intelligenz, geweiht ist, kündigt hier die Morgendämmerung an, die auf unseren Geist zukommen wird. Er verweist auch auf die geheimnisvolle Quintessenz, die jeder sinnlichen Wahrnehmung entzogen ist und die wir nur begreifen können, wenn wir unser Verständnis erweitern. Die Notwendigkeit, in sich selbst hinabzusteigen und zum Zentrum vorzudringen, von dem das innere Licht ausgeht, das jeden Menschen, der in diese Welt kommt, erleuchtet, wird durch das Lot angezeigt, das wie ein Galgenarm am Ende eines langen Balkens hängt, der horizontal durch eines der neun oberen Fenster auf der rechten Seite des Tempels herausragt.

Direkt unter dem Tempel und unter dem Lot befindet sich eine rot gekleidete Figur, bei der es wirklich schwierig ist, den Heiligen Joachim, den Großvater Jesu mütterlicherseits, zu erkennen. Warum trägt der Ehemann der Heiligen Anna eine Arztkappe? Warum gehört der Caduceus zu seinen Attributen?

Herr de la Rive fragte sich, ob wir uns nicht in der Gegenwart des Baumeisters des salomonischen Tempels befänden; aber da es keine Anhaltspunkte für diese Hypothese gab, ersetzte der Direktor von „Christliches Frankreich" Hiram durch einen Priester der Isis. Wir glauben, dass er damit recht hat, denn es kann sich nur um einen Adepten handeln, der in der Wissenschaft des Hermes unterrichtet und mit den Kräften ausgestattet ist, die ihm durch die hohe Einweihung verliehen wurden. Die Instrumente, die die Figur in ihren Händen hält, lassen in dieser Hinsicht keinen Zweifel aufkommen.

Das auffälligste ist der Merkurstab, der goldene Stab, um den sich zwei Schlangen winden, die die gegensätzlichen Polaritäten der großen magischen Kraft darstellen, die Okkultisten als Astrallicht kennen. Der Eingeweihte muss wissen, wie er diese Kräfte[1] einfangen kann, um sie für die Erzeugung von Effekten einzusetzen, die von gewöhnlichen Menschen als wundersam angesehen werden, weil sie ihre natürliche und doch geheimnisvolle Ursache ignorieren.

Derjenige, der zum Sohn und Liebhaber von Isis wird, d. h. zum Jünger und Vertrauten der Natur, vereint den Merkurstab mit dem Zauberstab und

1) Wenn wir in den Grad des Gesellen (Ritus Ec.) aufsteigen, ziehen wir mit der linken Hand die diffusen Kräfte aus der Atmosphäre (Äther, Merkur der Philosophen) und mit der rechten Hand konzentrieren wir sie in uns (Koagulation und Fixierung des Quecksilbers).

dem Ring des Hermes. Der Zauberstab ist das Abbild des subtilen Leiters, der die Beziehung zur übersinnlichen Welt herstellt.

Derjenige, der ihn in der Hand hält, ist mit einem sechsten Sinn ausgestattet, einem unverzichtbaren Fürer für magische Operationen.

Der Ring mit dem hermetischen Siegel steht für die Teilnahme an der universellen Allianz derer, die die Geheimnisse der ewigen Tradition oder der Kabbala kennen.

Neben diesen Instrumenten in der linken Hand, der passiven oder rezeptiven Seite, kommen noch das geschlossene Buch und das Opfermesser hinzu, die in der rechten Hand, der aktiven Seite, gehalten werden.

Das Buch enthält das persönliche Werk des Eingeweihten, der in diesem Werk die Summe seines geheimen Glaubens, die Wahrheiten, die er durch seine eigenen Bemühungen in der Meditation verstanden hat, festgehalten hat.

Es bleibt das Messer, das zum Auflösen verwendet wird, so wie der Merkurstab zum Koagulieren und Fixieren. Der Adept muss in der Tat wissen, wie er im richtigen Moment eingreifen kann, um die Ansammlungen unbewusster Energie aufzulösen, deren Explosion zu den schlimmsten Katastrophen führen würde.

Das magische Schwert erfüllt eine ähnliche Rolle, um die Geister fernzuhalten, die die Hülle zu durchlöchern drohen, ein Schutzschild, vergleichbar mit dem einer Seifenblase, das den Eingeweihten umgibt. Das Schwert des Wortes (der Vernunft) ist die Waffe des Weisen.

Wenn der Adept barfußdargestellt wird, bedeutet dies, dass er in das Allerheiligste eingelassen wurde; es ist ihm erlaubt, den geheiligten Boden zu betreten, der für Profane tödlich ist, aber nur unter der Bedingung, dass er in direkte Kommunikation mit der vergötlichten Materialität tritt, mit dem Göttlichen, das in Bilder und Symbole übersetzt wurde.

Der Schuh macht den Menschen unempfindlich für das, was aus der Tiefe, aus dem Inneren der inspirierenden Isis-Erde kommt.

Vor dem Adepten befindet sich ein Korb, in dem sich die gesamten Utensilien eines Schriftstellers oder Graveurs befinden. Unter anderem sehen wir ein schwer zu definierendes Bündel, in dem Herr de la Rive eine Weizengarbe sehen wollte.

Der Maler, der im Allgemeinen sehr gut darin war, Gegenstände richtig zu charakterisieren, muss etwas anderes im Sinn gehabt haben. Wir glauben nicht, dass es sich um eine Anspielung auf das Losungswort der Gesellen[1] handelt. Es handelt sich wahrscheinlich um Bleistifte, die zusammen mit einem Lineal, einem Taschenmesser, einem Schaber und einem Kalmus verwendet wurden. Die beiden Steine, die den Korb begleiten, können sich auf das Material des Steins der Weisen beziehen, ein scheinbar gemeines und gewöhnliches Material, das nur der Weise zu erkennen und zu schätzen weiß.

Zur Linken des Adepten, der in eine Art rotes Messgewand gehüllt ist (männliche Aktivität, Jachin), steht eine Frau, die ganz in Weiß gekleidet ist (weibliche Rezeptivität, Boas). Sie ist die Priesterin der Isis, die untrennbare Begleiterin des Adepten, denn sie verkörpert seine intuitiven Fähigkeiten.

Die Fackel, deren Flamme auf der Höhe seiner linken Schulter leuchtet, erleuchtet den Geist eines philosophischen Glaubens, der sich eher an das Gefühl als an die kalte Vernunft wendet.

In der Tat gibt es Wahrheiten, die gefüllt werden wollen, denn obwohl sie sich der Kontrolle der strengen Logik entziehen, drängen sie sich dem Herzen mit unwiderstehlicher Kraft auf. Es sind diese Wahrheiten, die uns vor einem sterilen Skeptizismus schützen, der alle Überzeugungen zerstört.

An der linken Seite der Priesterin hängt ein Geldbeutel, eine Anspielung auf Almosen, Nächstenliebe und Mitgefühl für andere, ohne die der brillanteste Eingeweihte nur ein tönendes Erz oder eine schallende Zimbel wäre[2].

Schließlich hält die Begleiterin des Adepten einen Spiegel in ihrer rechten Hand, in dem sich die Bilder des Astrallichts spiegeln. Diese Bilder sind lebendig; sie suchen unsere Vorstellungskraft heim, rufen Träume hervor, die von den Gedanken, die sie nahelegen, den Wünschen, die sie wecken, und den Sehnsüchten, die sie unterstützen, genährt werden.

Diese mentalen Phantasmen, die sich im Laufe der Zeitalter ständig erneuern, dienen als Träger jener unvergänglichen Tradition, die unabhängig von menschlichem Gedächtnis oder materiellen Aufzeichnungen ist und nur im geheimnisvollen Buch der großen Offenbarerin in ätherischen Schriftzeichen niedergeschrieben ist.

Die Symbole, die wir noch untersuchen müssen, sind speziell alchemistisch, wie insbesondere das einförmige Gefäß, dessen Fuß die Jungfrau in ihrer rechten Hand hält. Es ist das Ei der Philosophen, oder anders gesagt, das Gefäß der Natur, in dem die Operationen des Großen Werkes durchgeführt werden,

1) Schibboleth bedeutet Ähre.

2) Erster Brief des Heiligen Paulus an die Korinther, Kap. XIII, I.

die zur Geburt des philosophischen Kindes führen, das dazu bestimmt ist, „seine Brüder zu bereichern und zu vervollkommnen“.

In diesem hermetisch verschlossenen Ei befindet sich das Subjekt des Werkes, das erst nach einer sorgfältigen Auswahl und Befreiung von allen Fremdkörpern, die versehentlich an der Oberfläche haften könnten, in das Ei eingeführt wird. Mit anderen Worten, es ist die Einweihung des Profanen, der von seinen Metallen befreit wird, bevor er in der Kammer der Reflexion eingesperrt wird. Der symbolische Tod des Empfängers entspricht dann der Verwesung der schwarz gefärbten Materie (Prüfung der Erde).

Die Zersetzung durch Fäulnis, eine unerlässliche Phase jeder Regeneration, trennt das Feine vom Groben. Was träge und schwer ist, sinkt auf den Boden und wird zur Beute des Raben von Saturn, einem gefräßigen Vogel, der eine harte, zusammenziehende Energie symbolisiert, die die Grundlage für individuellen Egoismus ist. Die ätherischen Prinzipien werden hingegen freigesetzt, um die Höhe zu erreichen (Prüfung der Luft).

Diese Aufspaltung ist nicht endgültig, denn wenn die verdampften Teile nach oben steigen, kondensieren sie und fallen als Regen zurück, der das Material allmählich von schwarz über grau bis weiß wäscht (Wasserprobe).

Nachdem die Materie den Grad der Reinheit erreicht hat, der durch die vollkommene Weißeit gekennzeichnet ist, muss sie nur noch durch die Erhöhung ihrer schwefeligen Glut zum Rot getrieben werden (Feuerprobe). Der Erhalt dieser Farbe markiert den Abschluss des einfachen Werkes, das der *Medizin erster Ordnung* oder der Einweihung in den Grad des Lehrlings entspricht.

Das philosophische Gefäß endet in einem sich verjüngenden Hals, aus dem Nelken herausragen, die durch ihre Farben an die Transformationen erinnern, die das Material des Großen Werks durchläuft. Die schillernden Nuancen, die flüchtig zwischen Schwarz und Weißauftreten, werden durch den Pfauenschwanz charakterisiert, dessen Federn das Ei der Weisen krönt.

Als Henkel dienen vier Adlerköpfe, die in einem Kreuz angeordnet sind. Sie markieren die quaternäre Fixierung, durch die das sublimierte Quecksilber mit der vollständig gereinigten elementaren Materie eine Einheit bildet (Erleuchtung des Gesellen, der das Licht sah und es an sich zog, um sich damit zu sättigen und sich in den Flammenden Stern zu verwandeln).

Das Ei ist umgeben von einer Art Himmelskugel, die schräg von einem Zodiakalstreifen umrahmt ist, auf dem nur vier Zeichen erscheinen, die in einer unnatürlichen Reihenfolge aufeinander folgen. Auf Krebs und Löwe folgt die Waage, gefolgt von den Fischen. Die Operationen des Großen Werkes, die diesen Zeichen entsprechen, sind: Auflösung ♋, Verdauung ♌, Sublimation ♎ und Projektion ♏. Durch letztere wird die höchste Transmutation erreicht, das Ziel der Medizin des 3. Grades (Meisterschaft).

Der Mittelpunkt des Tierkreises fällt mit dem Mittelpunkt des Philosophischen Eies zusammen, und dieser Mittelpunkt wird durch das Zeichen Alaun ○ gekennzeichnet, was bedeutet, dass der zentrale mathematische Punkt allen Seins mit der Unendlichkeit verschmilzt ○. Ein zweiter goldener Kreis überschneidet sich mit dem ersten und überragt ihn. Er bezieht sich auf das, was aus der Sublimierung der Persönlichkeit resultiert.

Besonders schwierig wird unsere Aufgabe, wenn wir die Geheimnisse des Schiffes, das zur Rechten der Jungfrau segelt, entschlüsseln möchten. Es ist das Schiff der Isis, das die Überqueren des schöpferisches Ozeans ermöglicht. Seine Segel, die vom Atem des Universellen Geistes gebläht werden, sorgen für die treibende Begeisterung, die den Sturz des Zyklopen auslöste, den wir in den Wellen stützen sehen.

Diese Person, die den Korb des Toppmastes besetzen sollte, verlor unter dem Einfluss eines astralen Rausches das Gleichgewicht. Wie der Narr im Tarot wird er zum passiven Instrument der Kräfte, die von ihm Besitz ergreifen. Er hat keine Kontrolle mehr über sich selbst und überlässt sich widerstandslos seinen Impulsen. Da er nur ein Auge hat, sieht er nur einen Teil des Weges. Aber was er an Hellsichtigkeit verliert, gewinnt er an roher Kraft. Er verfügt also über eine gewaltige, halb blinde Macht, deren Insignie der Stab ist, den er in der linken Hand hält (Macht des Gläubigen, der keinen Zweifel kennt). Die Flöte, die er um den Hals trägt, ermöglicht es ihm, im Orchester des Gottes Pan mitzuspielen (Talent, wilde Tiere zu verzaubern).

Dieser impulsive und unsichere Mann muss von dem mystischen Schiff verwiesen werden, da seine Anwesenheit an Bord die Navigation gefährden würde. Damit die Überfahrt sicher durchgeführt werden kann, ist es wichtig, dass der Wächter ein Mann ist, der sich seiner selbst voll bewusst ist. Das ist der Fall des Mannes, der den zweiten Mast besetzt, an den er mit einem Seil gefesselt ist, das Merkur losbindet, während er mit seinen Augen den Sturz des Zyklopen verfolgt, dessen Schicksal der privilegierte Seefahrer nur durch vollkommene Entsagung vermeiden kann. Die Tyrannei des instinktiven Verlangens steht jedoch wie ein notwendiges Gegengewicht der totalen Selbstvergessenheit gegenüber. Das Ergebnis ist ein schmerzhafter Konflikt, auf den der Rabe anspielt, der den Erleuchteten in die Brust sticht, um ihn dafür zu bestrafen, dass er Prometheus nachgeahmt und das Feuer vom Himmel gestohlen hat.

Es ist übrigens dieses Feuer, das den Zyklopen stürzt, so wie es im Tarot die Katastrophe von Arkanum XVI verursacht. Die Silhouette des Zyklopen stimmt übrigens mit der des Königs überein, der von der Spitze des vom Blitz getroffenen Turms, dem sogenannten Gotteshaus, fällt. In dem Gemälde von Reims wird der Blitz jedoch durch eine Art Komet ersetzt, dessen Schweif ein Fülhorn ist, das aus dem Zentrum eines leuchtenden Kreises hervorgeht, der in ein Dreieck eingeschrieben ist, das das alchemistische Zeichen des Feuers △ darstellt. Das Ganze soll uns daran erinnern, dass das vollkommene Glück, das höchstens Reichtum und wahren Wohlstand verleiht, seine Quelle im himmlischen Feuer hat, das die reinen Seelen entzündet. Igne Natura Renovatur Integra[1].

* * *

Am Heck des heiligen Schiffes, neben dem Stück eines dritten Mastes, sitzt das philosophische Kind auf einem strahlenden Herzen. Dieser Steuermann ist die Vernunft (das fleischgewordene Wort, der Sohn Gottes der Christen, Buddhi der Theosophen), die sich auf das Gefühl und das daraus entstehende Licht stütz, um sich als das Prinzip des Bewusstseins zu manifestieren, das die menschlichen Handlungen leitet.

Die Weltkugel, den der Erlöser auf seinem Schoß hält, ist ein Symbol für die universelle Seele der Dinge, deren Bestimmung es ist, sich zu entwickeln, um zur Vollkommenheit gebracht zu werden. Dies ist die Bedeutung des alchemistischen Zeichens ♁, in dem das Kreuz über dem Ideogramm der Mineralität, der Erde, die als belebt angesehen wird, steht.

---

1) Intéra, integer, rein, ist ein Adjektiv und bezieht sich auf Natura und sollte daher nicht mit Vollständig übersetzt werden. Es ist die gereinigte Natur, die durch das Feuer erneuert (regeneriert) wird.

An Bord eines Schiffes liegt die Verantwortung für das Kommando beim König, der den Willen repräsentiert und dessen Befehle durchsetzbar sind. Über seiner Krone steht die Zahl 1266, zwischen seinem Zepter und seiner rechten Schulter die Zahl 1137.

Wir verzichten darauf, die Bedeutung dieser beiden Zahlen zu bestimmen, die unter dem geflügelten Globus zu Füßen der Jungfrau Maria wiederkehren. Sie könnten die konventionelle Bedeutung von Passwörtern gehabt haben, wobei sich die erste auf die Handlung zu beziehen schien, die die Willensäußerungen theoretisch formuliert, und die zweite auf ihre praktische Ausführung.

Diesen interpretativen Annahmen fehlt es an einer soliden Grundlage. Wenn wir feststellen, dass 1 + 2 + 6 + 6 = 15 und 1 + 1 + 3 + 7 = 12, werden wir nicht viel weiter kommen: das Rätsel bleibt bestehen.

Vor dem König und dem Lotsenkind sehen wir einen alten Mann, der in eine Art Gewand gekleidet ist und sich über den Rand des Schiffes beugt. In der rechten Hand hält er einen blühenden Zweig eines Mandelbaums und in der linken Hand zwei grüne Mandeln, die er wahrscheinlich dem Drachen des elementaren Lebens opfert. Er ist der Meister der Vitalität (Prana oder Jiva der Buddhisten) und beherrscht als solcher die *Körper-Seele* (Venus ♀).

Er beherrscht die Kunst, das Leben zum Blüten zu bringen (blühende Zweige) oder es zu konzentrieren (Früchte). In der Mitte des Bootes sitzt ein weiterer alter Mann, der einen dunklen Mantel trägt. In seiner linken Hand hält er ein aufgeschlagenes Buch, in dem wir eine winzige Hüte sehen können. Hier haben wir es mit jenem Knoten der Persönlichkeit zu tun, auf den sich alles auswirkt und der von westlichen Okkultisten Astralkörper und von Buddhisten Linga Sharira genannt wird.

Die Figur ist kein anderer als der *Eremit* des Tarot (Arkane IX), der Twashtri, dem Zimmermann der Veden[1)], entspricht, dem die Aufgabe zufällt, die astrale Form, das Fundament (Jesod, Sefira Nummer 9) des materiellen Organismus, zu errichten.

Die beiden Masten, die mit Segeln besetzt sind, vereinen sich hinter einem geharnischten und behelmten Krieger, der in der rechten Hand einen einfachen Stab trägt, während in seiner Linken eine Statue der Minerva hält und dem oben erwähnten Greis zeigt. Es ist Mars, der aktive Eifer, der seine Energie in den Dienst eines vernünftig ausgewogenen Willens stellt.

---

(1) Emile Burnouf, Le Vase Sacréel ce qu'il contient dans l'Inde, la Perse, la Grèe et dans l'Eglise chréienne (Das Heilige Gefäß und sein Inhalt in Indien, Persien, Griechenland und der christlichen Kirche), Seite 14.

Als letzten Navigator müssen wir noch den jungen Herkules erwähnen, der an seiner Keule und dem Löwenfell, das ihm als Kopfbedeckung dient, zu erkennen ist. Die Vorderbeine des Tieres kreuzen sich auf der Brust des Jünglings, der so an den Liebenden im Tarot (Arkanum VI) erinnert, der dem Orden des Guten Hirten angehört. Wie könnten wir außerdem ohne die Hilfe dieser Figur das umgekehrte „Y“ ⅄ erklären, das deutlich auf der Seite des Schiffes vor unserer Figur zu sehen ist?

Dieser Buchstabe zeichnet die Weggabelung, vor der der Liebende ratlos stehen bleibt, weil er noch nicht weiß ob er nach links oder rechts gehen soll, so wie er von zwei gleich schönen Frauen in zwei Richtungen eingeladen wird, von denen eine Vergnügen, Zauber, Zartheit und die andere Arbeit, Strenge, Tugend symbolisiert.

Herkules musste sich zu Beginn seiner Entwicklung zwischen diesen beiden Sichtweisen auf das Leben entscheiden. Es ist also der freie Wille, den der junge Held verkörpert, der sehr kongruent im vorderen Teil des Raumschiffs, unmittelbar über dem Mars, postiert ist, denn dieser setzt seine Energie nur durch freiwilligen Determinismus ein.

Es handelt sich um das Schiff der Argonauten, das den Organismus darstellt, der die Trennung der bewussten Persönlichkeit trägt, die von ihrem primitiven Instinkt befreit wurde (der Zyklop, der sich ins Wasser stürzt). In Wirklichkeit befinden sich acht Personen an Bord, darunter ein König mit einer Krone auf dem Kopf und einem Zepter in der Hand. Es ist der Kapitän, der die Mannschaft befehligt, mit anderen Worten, der individuelle Verstand, der Herr des persönlichen Aggregats.

Er steht neben dem Steuermann, dem Gewissen, das auf dem Gefühl der Frömmigkeit beruht, das es mit dem Universum verbindet (Religion im höchstens Sinne des Wortes). Ein älterer, weißgekleideter Mann bildet ein Dreieck mit den ersten beiden Figuren.

Er blickt auf den Ozean, der ein Reservoir des Lebens ist, und auf den Drachen, der die Lebensenergie bündelt. Er hält einen blühenden Zweig und bietet Früchte an, als ob er die Vitalität, die in der Keuschheit gedeiht, an Bord halten will.

Der zweite, dunkel gekleidete ältere Mann steht für die konstruktive Erfahrung. Er bewahrt die Tradition (das Buch), die den organischen Schutz darstellt. Mars verteidigt die Persönlichkeit gegen den äußeren Feind. Er führt die Befehle des Königs aus, die ihm durch den freien Willen vermittelt werden, der durch den jungen Herkules dargestellt wird, der am Bug unter dem Auge des Gewissens-Steuermanns steht.

Bleibt noch der Wächter, der von Merkur an der Spitze des Hauptmastes fixiert wird, mit dem er eins ist, so dass er gefahrlos dem Gesang der Sirenen lauschen kann. Es ist die Intuition, die mit kluger merkurianischer Raffinesse wahrnimmt und erahnt. Die Segel blähen sich unter dem treibenden Atem des Seins.

* * *

Aus den obigen Ausführungen ergibt sich, dass das Gemälde, das unserem Gutachten unterzogen wurde, eine Symbolik aufweist, die zwar nicht die der üblichen christlichen Mystik ist, aber dennoch religiös ist. Es ist eine Einweihung, aber inspiriert von der höchstens Hermetik, ohne direkt mit den freimaurerischen Allegorien verbunden zu sein. Wir haben es hier mit einem Exemplar katholischer Kunst zu tun, das die Gläubigen nicht empören sollte.

Ein alchemistisches Gemälde

Unter diesem Titel berichtete das „Vrijmetselaar"[1] vom Februar 1908 ausführlich über unsere Studie mit dem Titel: „Un Symbolisme inquiétant" (Ein beunruhigender Symbolismus). (Siehe das vorherige Kapitel).

Einige unserer Interpretationen führten zu Kommentaren, die wir hier kurz analysieren möchten.

Die Aufmerksamkeit des holländischen Kritikers richtete sich zunächst auf den Tempel des Saturn, der auf der rechten Seite des Gemäldes in der Kirche Saint-Maurice in Reims zu sehen ist.

Die Sichel und das Stundenglas waren nicht immer die Attribute des Saturn, den die Römer ursprünglich ohne Flügel und mit einer einfachen Sichel bewaffnet darstellten. Als Gott des Feldes lehrte er die Kunst der Gartenarbeit, ohne dabei die Kunst des Beschneidens von Weinstöcken und Obstbäumen zu vernachlässigen.

Wie immer diente die populäre Mythologie als Schleier für eine tiefgründige Esoterik. Den Lebenssaft zu lenken, sparsam mit ihm umzugehen und ihn nur auf die Zweige zu lenken, die Früchte tragen sollen, das ist die Rolle des Gottes, der unbarmherzig gegenüber dem toten Holz und den unproduktiven Trieben ist. Er ist nicht mehr der blinde Zerstörer, der wahllos abholzt, sondern der Agent des Fortschritts durch Selektion, das regulierende Prinzip der vitalen Produktion. Dies ist gleichbedeutend mit der Aussage, dass der Tod nur dazu dient, das fruchtbare und produktive Leben zu stärken, was ein universelles Gesetz ist.

Wenn die Sibylle die Priesterin des Saturntempels ist, so deshalb, weil die Weissagung auf der Erkenntnis der Ursachen beruht, die in der Tiefe verborgen sind, die die Sphäre dieses Gottes ist. Die grundlegende Einheit der Dinge würde uns den Schlüssel zu allen Geheimnissen offenbaren, wenn wir in die Ursache der Ursachen eindringen könnten. Aber diese würden sich nur offenbaren, wenn die Saiten der Harfe, auf die sich die Sybille stützt, in Schwingung versetzt werden. Das bedeutet, dass es für den Seher nicht aus-

---

1) Vierteljährliche Zeitschrift, die in Amsterdam von Dr. M. H. Denier Van der Gon im Namen der Freimaurerischen Vereinigung für das Studium der Symbole und Rituale herausgegeben wird.

reicht, seine geistige Wahrnehmung, seine Denk- und Auffassungsgabe zu entwickeln. Denn was wäre der Wahrsager ohne die musikalische Sensibilität, die die Akkorde der subtilen Harmonie der Dinge wahrnimmt?

Aber um empfänglich zu werden, müssen wir uneigennützig sein wie die Sibylle, gleichgültig gegenüber den Goldmünzen, die ihr zu Füßen fallen; wir sollten wissen, wie wir uns unserer Metalle entledigen können, wie es das freimaurerische Ritual verlangt. Egoismus, die Liebe zum Reichtum und die Gier nach Ehre lähmen die Klarheit und stehen wie ein undurchsichtiger Schirm vor unserer geistigen Vision. Dies ist die symbolische Augenbinde, die dem Profanen, der das Licht noch nicht erobert hat, auf die Augen gelegt wird.

Die beiden Tritonen, die die Trompeten auf der Kuppel des Saturntempels erklingen lassen, haben unseren verehrten Kollegen zu einer ausführlichen Abhandlung über die Elemente inspiriert, die mit den vier Winden des Geistes gleichgesetzt werden. In dieser Hinsicht kann man die Änderungen, die an den alten freimaurerischen Ritualen vorgenommen wurden, nicht genug beklagen. Unser Kommentator sagt, man habe entfernt, was man nicht verstand, und – noch verheerender – auch das, was man zu verstehen meinte.

Da sie die Elemente der Antike hartnäckig mit den einfachen Stoffen der modernen Chemie verwechselten, wüssten sie nicht, wie sie zu der Vorstellung des elementaren Quaternären gelangen sollten, dem Mittel zur Differenzierung der Ursubstanz, die in ihrem Wesen eins ist. Erde, Wasser, Luft und Feuer stehen für den festen, flüssigen, gasförmigen und ätherischen Zustand. Darüber hinaus wurden Analogien zwischen Erde und Körper, Wasser und Seele, Luft und Geist, Feuer und dem universellen Bewegungsprinzip hergestellt.

Diese Vergleiche ermöglichen es uns, die Wasserprobe, wie sie in allen Einweihungen vollzogen wird, als Bild für den Übergang vom sinnlichen zum spirituellen Leben zu sehen. Das animalische Mensch, der in den Strom der Objektivität eingetreten ist, kann sich nur aus diesem Strom befreien, indem er seine animalische Seite überwindet. Er entsteigt dem Wasser im Zustand eines Menschen, eines vollkommenen Menschen. Indem wir die Elemente durchqueren, geben wir ihnen das zurück, was zu ihnen gehört, das, was in uns minderwertig ist; indem wir unseren Egoismus opfern, lassen wir uns mehr und mehr vom Göttlichen durchdringen, das uns der Einheit näher bringt. Dadurch entwickelt sich in uns ein neues Gefühl: das der universellen Liebe. Solange wir sie nicht erfahren, bleiben wir trotz des erworbenen Wissens und der erworbenen Talente für immer falsche Eingeweihte.

Um zu wissen, in welchem Wasser diese Tritonen, die mehr in der Luft als im Wasser zu sein scheinen, schwimmen, sollten wir die Hindu-Mythologie konsultieren. Sie zeigt Varuna, der nicht mehr nur ein einfacher Neptun ist, der „Herrscher des Wassers", wie es im Purana heißt, sondern der ursprüngliche König aller Dinge, dessen Herrschaftsbereich, wie der des Uranus, die Gesamtheit des Universums ist. Er war es, der durch die Konkretisierung der universellen flüssigen Substanz – des symbolischen Wassers – den Himmel und die Erde aus dem Chaos hervorgebracht hat.

Dieses Wasser, das die Umgebung der Tritonen ist, entspricht der Materie, unabhängig von all den Formen und Aspekten, die sie annehmen kann. Es enthält in sich alle Möglichkeiten der Formung und Verwandlung; aber keine Willkür bestimmt diese Formen oder ihre Modifikationen.

Die Zukunft ist in dieser Materie verborgen, so dass es ausreicht, die Gesetze zu kennen, die sie regieren, um die Gabe der Weissagung und Prophezeiung zu besitzen.

Dem Atem Varunas entspricht der Wind, der das Feuer der Sonne anfacht und es zum Brennen bringt, so wie er die Sterne zum Leuchten bringt, die ohne ihn wie erloschene Kohlen finster werden würden. Dieser Atem steuert jede Handlung der Geschöpfe, von denen keines ohne ihn auch nur den kleinsten Wimpernschlag vollbringen kann.

Es ist also der Geist, der in der Natur das Gesetz der göttlichen Manifestation erfüllt, und deshalb sagt man von Varuna, dass er alles weiß, was ist, was war und was sein wird. Was war, was ist und was sein wird, all das ist miteinander verbunden, da sie in der Einheit der Natur selbst enthalten sind.

Wir können jetzt verstehen, warum die Tritonen aus dem Schoß der Materie den starken Seelen, die sich nicht von dem ablenken lassen, was die Natur sie lehren will, die Vorahnung der Zukunft einflößen. Die Natur ist in der Tat bereit, ihre Geheimnisse – auch die der Zukunft – all jenen zu offenbaren, die treu nach der Wahrheit suchen. Wer zuhören will, hört ihre Stimme, nimmt die Warnungen der Tritonen wahr.

* * *

Der Herausgeber des Vrijmetselaar macht einige interessante Beobachtungen zu dem Lot, das am Ende des aus einem der Fenster des kleinen Tempels ragenden Balkens hängt, den die Jungfrau auf dem Gemälde in ihrer linken Hand hält. Er stellt fest, dass wir dem Lot eine bislang unbekannte Interpretation gegeben haben, die sich auf die Notwendigkeit bezieht, tiefer in uns selbst zu gehen, um in das Zentrum vorzudringen, aus dem das innere

Licht hervorgeht, das nach dem Johannesevangelium jeden Menschen erleuchtet, der in diese Welt kommt.

Alle Autoren, die sich mit der freimaurerischen Symbolik befasst haben, haben das Lot eigentlich nur als ein Instrument betrachtet, das im Bauwesen verwendet wird. Sie haben es also als Instrument für das Bauen in der Höhe betrachtet, ohne zu erkennen, dass es auch für die Arbeit in die Tiefe verwendet werden kann. Das Lot auf dem alchemistischen Gemälde spielt zweifellos auf das Graben eines vertikalen Brunnens, der bis zum Mittelpunkt der Erde reicht.

Es hängt über dem Kopf des Adepten, der in sich selbst versinken muss, um zum Kern seiner Individualität zu gelangen, wo er die geheimnisvolle Quintessenz entdecken wird, d. h. die Essenz seines wahren Selbst, frei von jeglicher Kontingenz der Form. „Erkenne dich selbst" sagt das Lot, denn wer sich selbst auf sokratische Weise erkennt, lernt dadurch die grundlegende Einheit in der Identität des Ganzen zu erkennen; durch Vertiefung kann der Denker jedes Ding geistig erfassen und es sich aneignen, um es zu lieben, sowohl einzeln als auch in seiner Beziehung zur Universalität.

Vrijmetselaar ist der Ansicht, dass unsere Interpretation des Lots in der Freimaurerei angepasst werden sollte. Damit könnten wir erklären, warum dieses Instrument das Abzeichen des 2. Wächters ist, die neben der Nordsäule steht. Sie passt wunderbar und ist tiefgründiger als diejenige, die Bruder S. T. Klein in seinem Werk, „Ars Quator Coronatorum", Band IX, Seite 165 und 166, gegeben hat.

Unsere Interpretation steht in keiner Weise im Widerspruch zu der allgemein anerkannten Interpretation, denn in der praktischen Freimaurerei kontrolliert das Lot die Senkrechte, ob es sich nun um die Wände einer Baugrube oder die Wände eines Turms handelt; um stabil zu sein, darf sich ein Gebäude zu keiner Seite neigen.

In der philosophischen oder spekulativen Freimaurerei wird das Lot zum Symbol einer zentripetalen Kraft, einer äußeren und durchdringenden Wirkung, wie sie die Alchemisten ihrem Merkur ☿ zuschrieben. Im Gegensatz dazu erinnert die Wasserwaage, deren Form an das Ideogramm des Schwefels 🜍 angelehnt ist, an das Prinzip der individuellen Ausdehnung, bei der die Strahlung vom Zentrum ausgeht und sich nach außen ausbreitet.

Unter den Freimaurern hat es nie einen Zweifel an der Bezeichnung der beweglichen Insignien gegeben, nämlich: das Winkelmaß des Meisters, der die Arbeit leitet, die Wasserwaage, die Insignien des Ersten Wächters und das Lot, das dem Zweiten Wächter zugeordnet ist. Vom Lot zur Wasserwaage zu gehen bedeutet, vom ersten zum zweiten Grad aufzusteigen.

Die Lehrlinge sind also dem Zweiten Wächter unterstellt und die Gesellen dem Ersten. Da die Lehrlinge im Norden und die Gesellen im Süden sitzen, sagt uns die Logik, dass die Wächter so platziert werden sollten, dass der Erste die Gesellen und der Zweite die Lehrlinge beaufsichtigt. Je nach Ritus werden diese Anforderungen auf unterschiedliche Weise erfüllt.

Es steht fest, dass die Schwefel-Wasserwaage 🜍, die männliche aktive Initiative, der Sonne ☉ und das Merkur-Lot ☿, die weibliche passive Empfänglichkeit, dem Mond ☾ entspricht.

Die freimaurerische Symbolik enthält jedoch Widersprüche, die beabsichtigt zu sein scheinen. So entspricht die Wasserwaage, das Abzeichen des Ersten Wächters, zu dem die Gesellen gehören, der Lehrlingszeit und der Jachin-Säule, neben der die Lehrlinge ihren Lohn erhalten. Sie durchlaufen die Prüfungen der alten solaren, männlichen oder dorischen Einweihungen. Sie müssen sich auf sich selbst konzentrieren, in ihr schwefeliges Zentrum hinabsteigen, wo ihr inneres Feuer brennt.

Sorgfältig von der Außenwelt isoliert, muss diese individuelle Glut allmählich zur Entfaltung gebracht werden. Von allen äußeren Einflüssen befreit, widmet sich der Lehrling dem Dorismus und kämpft darum, sich selbst zu beherrschen. Als Sohn des Apollo kämpft er gegen die Dunkelheit, die ihn umgibt, und erobert schließlich das Licht nach einer Reihe von Siegen über sich selbst, dank der Entfaltung seiner eigenen Energie. Wenn er das in ihm eingeschlossene Sonnenfeuer erweckt hat, belohnt ihn der Erste Wächter und nimmt ihn als Geselle unter die Schirmherrschaft der Wasserwaage auf.

Das Lot, das der Zweite Wächter benutzt, fordert den Eingeweihten auf, nur auf sich selbst zu vertrauen, auf seine eigene Energie, und in sein Inneres hinabzusteigen, an jene höllischen Orte, an denen die Helden die Geheimnisse des Handelns lernen werden. Aber der Eingeweihte steigt auf, nachdem er abgestiegen ist, und beim Aufsteigen entdeckt er ein Licht, das nicht mehr das Licht des Schwefels 🜍 ist, denn es kommt von überall her, aus der unendlichen Atmosphäre, dem Bereich des Merkur ☿.

Als Geselle ist es Ihre Aufgabe, diese diffuse Klarheit an sich zu ziehen, sie als leuchtende Atmosphäre um sich herum zu verdichten. Indem er Merkur ☿ gerinnen lässt, wird er zum Flammenden Stern. Während er unter der

Leitung des Ersten Wächters arbeitet, erhält er dennoch Anweisungen vom Zweiten Wächter, der ihn weiterhin anleiten wird.

Da die Anziehung des Merkurs ein weiblicher Vorgang ist, ist die Gesellenschaft ionisch lunar, wie die Boas-Säule, die weiß ist, im Gegensatz zum Rot von Jachin.

Hermetismus und Freimaurerei

Im Anschluss an unsere Untersuchung des alchemistischen Gemäldes in der Kirche Saint-Maurice in Reims ist es angebracht, auf ein deutsches Werk hinzuweisen, in dem Bruder Wilhelm Höhler nachzuweisen versucht hat, dass die Freimaurerei eng mit der Alchemie, genauer gesagt mit der hermetischen Philosophie, verbunden ist.

Das betreffende Werk wurde im Jahr 1905 von Weiss und Hameier in Ludwigshafen unter dem Titel "Hermetische Philosophie und Freimaurerei" veröffentlicht.

Es handelt sich eigentlich nur um eine Auswahl von Texten, die mit Bedacht von den berühmtesten Alchemisten entnommen wurden, wie Basilio Valentin, Michel Maier (Sendivogius), dem Abt Johannes Trithemius, Raimundus Lullus, Roger Bacon, Arnold von Villanova, Jean d'Espagnet, Robert Fludd und einigen anderen, die weniger bekannt sind: Benedictus Figulus, Egidius Gutmann, J. Stellatus, Alex, von Suchten, Mylius, Janus Lacinius, Tanck, Leonhard Thurneiser, usw. Diese Zitate liefern das Material für die folgenden Kapitel: Das Universum und der Mensch, Astrologie, Theosophie, Magie, Kabbala, Alchemie, letztere unterteilt in Unterkapitel: Bedeutung des Wortes Alchemie, Die Aspiranten, Die Tradition, Symbole, Materie, Arbeit, Farben, Feuer, Instrumente, Trinkbares Gold, Christus lapis.

Bruder Höhler wollte sich nur an Freimaurer wenden. Er überlässt es daher seinen Lesern, Verbindungen zwischen den von ihm wiedergegebenen alchemistischen Texten und den freimaurerischen Lehren herzustellen, mit denen sie vertraut sein sollten.

Diese Methode mag faule Geister verwirren, die sich noch nie die Mühe gemacht haben, einen Sinn in den Rätseln zu suchen, die ihnen die Freimaurerei bietet. Sie wird hingegen den Anforderungen von Denkern gerecht, die die Arbeit des Nachdenkens nicht scheuen und es vorziehen, wenn man ihnen die Elemente eines Problems liefert, statt einer mehr oder weniger dogmatisch formulierten Lösung. Auf dem Gebiet der Symbolik dürfen wir es nicht zu genau nehmen, denn die Symbole der Initiation entsprechen Konzepten, die schwer fassbar sind und keineswegs auf scholastische Definitionen reduziert werden können.

Diese führen uns letztlich nur zu Worten, im Grunde trügerische Gebilde, mit denen Sophisten zu jonglieren wissen. Das Wort ist im Wesentlichen das Instrument des Paradoxons. Jede These kann durch Argumentation verteidigt werden, die das Pro ebenso triumphal aufzeigt wie das Kontra. Denn die Dialektik befasst sich nicht mit der Realität, sondern mit verbalen Bildern, mit mentalen Phantomen, die sich von falschen Werten des Denkens blenden lassen.

Es ist daher nicht verwunderlich, dass zwei gegensätzliche Philosophien die Intellektuellen der vergangenen Jahrhunderte spalteten. Die eine Seite ging von der Logik des Aristoteles aus und versuchte, durch strenge Argumentation, die auf als unbestreitbar geltenden Prämissen beruhte, zur Wahrheit zu gelangen. Dies war die offizielle Philosophie, die öffentlich in den Schulen gelehrt wurde, daher der Name Scholastik.

Sie hatte als Gegenspieler eine Philosophie, die immer mehr oder weniger okkult war, in dem Sinne, dass sie in Geheimnisse gehüllt war und ihre Lehren nur unter dem Schleier von Rätseln, Allegorien oder Symbolen präsentierte. Über Plato und Pythagoras behauptete sie, ihren Ursprung in den ägyptischen Hierophanten und im Begründer ihrer Wissenschaft, Hermes Trismegistus oder Dreimal Großer, zu haben, der sie *hermetisch* nannte.

Diese zweite Philosophie zeichnete sich dadurch aus, dass sie behauptete, von den Worten zu abstrahieren, um sich in die Betrachtung der Dinge zu versenken, die in sich selbst, in ihrem eigentlichen Wesen, erfasst werden. Der Schüler des Hermes war schweigsam, er hat nie argumentiert oder versucht, jemanden zu überzeugen. Er zog sich in sich selbst zurück, dachte tief nach und drang so in die Geheimnisse der Natur ein. Er wurde zum Vertrauten von Isis und trat in die Gemeinschaft der wahren Eingeweihten ein: Die Gnosis offenbarte ihm die Prinzipien der alten heiligen Wissenschaften, die später unter dem Namen Astrologie, Alchemie, Magie und Kabbala Gestalt annehmen sollten.

Diese heute als tot geltenden Wissenschaften hatten alle das gleiche Ziel: die verborgenen Gesetze des Universums zu verstehen. Sie unterschieden sich von der Physik, der offiziellen Naturwissenschaft, durch ihren mysteriösen und transzendentalen Charakter und bildeten so zusammen eine Art Hyperphysik, die oft als hermetische Philosophie bezeichnet wird.

Das Besondere an dieser Philosophie war, dass sie nicht nur spekulativ war. In Wirklichkeit verfolgte sie immer ein praktisches Ziel, das auf ein effektives Ergebnis abzielte. Ihr höchstes Ziel war das, was man *die Verwirklichung des großen Werkes* nannte.

Hier drängt sich ein Vergleich mit der Freimaurerei auf, die nur eine moderne Verklärung des antiken Hermetismus zu sein scheint. Die freimaurerische Symbolik ist in der Tat eine seltsame Ansammlung von Traditionen, die den alten Einweihungswissenschaften entlehnt sind. Sie berücksichtigt den kabbalistischen Wert der heiligen Zahlen und regelt das Zeremoniell nach den Prinzipien der Magie; außerdem ordnet sie Sonne, Mond und Sterne nach den Gesetzen der Astrologie an. Aber es ist die philosophische Alchemie, wie sie von den Rosenkreuzern des siebzehnten Jahrhunderts konzipiert wurde, die die auffälligsten Analogien zur Freimaurerei aufweist. Es gibt auf beiden Seiten eine Identität der Esoterik, wobei die gleichen initiatischen Daten durch entlehnte Allegorien aus der Metallurgie bzw. der Baukunst zum Ausdruck kommen. Die Freimaurerei ist unter diesem Gesichtspunkt nur eine Übertragung der Alchemie.

Ein versierter Leser wird in den von Bruder Höhler zitierten Texten zahlreiche Beweise finden. Wir sind jedoch der Meinung, dass er seine Erklärungen zu geheimnisvoll gehalten hat, und um einen Schritt weiterzugehen, sollten wir uns nicht scheuen, unser Thema offen anzusprechen.

* * *

Um diese Studie zu begrenzen, werden wir uns nur auf den Ritualismus der klassischen Freimaurerei konzentrieren, die als Freimaurerei des Heiligen Johannes bekannt ist und nur drei Grade hat. Dies erlaubt es uns, vom alchemistischen Standpunkt aus gesehen, die Symbole an sich außer Acht zu lassen und uns ausschließlich auf die aufeinanderfolgenden Operationen zu konzentrieren, die zur Verwirklichung des Großen Werkes führen.

Nichts entsteht aus dem Nichts. Der Ausgangspunkt für das philosophische Werk ist die Entdeckung und Auswahl des Themas. Das zu verarbeitende Material, so die Alchemisten, ist sehr gewöhnlich und überall zu finden; es kommt nur darauf an, es zu identifizieren, und darin besteht die ganze Schwierigkeit. Wir erfahren dies ständig in der Freimaurerei, da wir allzu oft Laien einführen, die wir hätten ablehnen müssen, wenn wir ausreichend scharfsichtig gewesen wären. Nicht jedes Holz eignet sich, um Quecksilber herzustellen. Das Werk kann nur gelingen, wenn man ein geeignetes Subjekt gefunden hat, weshalb die Freimaurerei viele Untersuchungen durchführt, bevor sie einen Kandidaten zu den Proben zulässt.

Diese beginnen mit der Entfernung der Metalle. Die Alchemie empfiehlt, nachdem das geeignete Material erkannt, sorgfältig untersucht und anerkannt wurde, es äußerlich zu reinigen, um es von allen Fremdkörpern zu befreien, die sich versehentlich an seiner Oberfläche anhaften könnten. Die Materie muss, kurz gesagt, auf sich selbst reduziert werden. In ähnlicher Weise muss sich der Empfänger von allem Künstlichen befreien: auch er muss streng auf sich selbst reduziert werden.

In diesem Zustand der ursprünglichen Unschuld, der Wiederentdeckung der philosophischen Offenheit, ist das Subjekt in einem engen Raum gefangen, in den kein Licht von außen eindringen kann. Dies ist das Kabinett der Reflexion, das dem Kolben des Alchemisten, seinem hermetisch verschlossenen philosophischen Ei entspricht. Der Profane findet dort die verborgene Gruft, in der er freiwillig seiner vergangenen Existenz sterben muss. Durch die Zersetzung der Hüllen, die die freie Entfaltung des Keims der Individualität verhindern, leitet dieser symbolische Tod die Geburt des neuen Wesens ein, das der Eingeweihte sein wird. Dies entsteht aus der Fäulnis, dargestellt durch die schwarze Farbe der Alchemisten.

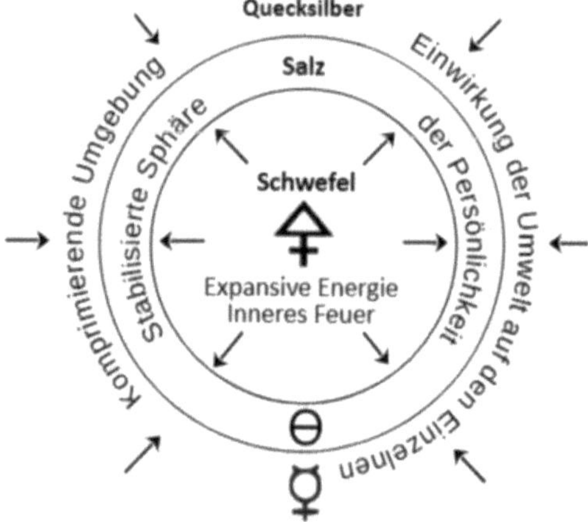

Das freimaurerische Ritual besagt, dass sich unter den Gegenständen in der Reflexionskammer zwei Gefäße befinden müssen, von denen das eine Salz und das andere Schwefel enthält. Warum? Es ist unmöglich, darauf zu antworten, ohne auf die Theorie der drei alchemistischen Prinzipien zu verweisen: Schwefel, Quecksilber und Salz.

Schwefel 🜍 entspricht in der Tat der expansiven Energie, die vom Zentrum eines jeden Wesens ausgeht (rote Säule, Jachin, individuelle Initiative). Seine Wirkung steht im Gegensatz zu der des Quecksilbers ☿, der alle Dinge durch einen Einfluss von außen durchdringt (weiße Säule, Boas, Empfänglichkeit, Sensibilität). Diese beiden antagonistischen Kräfte werden durch das Salz ⊖, dem Prinzip der Kristallisation, ausgeglichen, das den stabilen Teil des Seins repräsentiert, dessen Verdichtung in der Zone stattfindet, in der die schwefeligen Emissionen auf die umgebende Quecksilberkompression treffen.

So kurz diese Hinweise auch sind, sie rechtfertigen die rituelle Praxis in Bezug auf Salz und Schwefel. Der Ausschluss des Quecksilbers ist notwendig, da der Empfänger die absolute Isolation erreichen muss. Um sich selbst zu erkennen, gemäß dem sokratischen Prinzip Γωισατν, muss er alles, was ihm äußerlich ist, ausblenden, um sich in sich selbst zu vertiefen und schließlich vor dem Kern seiner Individualität zu stehen.

Dieser Vorgang entspricht der Prüfung der Erde, die poetisch durch einen Abstieg in die Hölle dargestellt wird, worauf das Wort VITRIOL anspielt, dessen Buchstaben die Initialen einer von den Alchemisten sehr geschätzten Formel bilden: *Visita interiora terrae rectificando invenies occultum lapidem*. Besuche das Innere der Erde (die höllische Finsternis, den Scheol der Juden, den Aral der Chaldäer), und durch Läuterung (durch umfassende und wiederholte Reinigungen) wirst du den verborgenen Stein finden.

Dieser Stein ist ein im Wesentlichen freimaurerisches Symbol, und es scheint, dass die Alchemisten das Emblem ursprünglich von den bauenden Eingeweihten entliehen haben. Ein Stein gehört normalerweise nicht zur Symbolik der Metallurgen; im Gegenteil, es ist hingegen völlig natürlich, dass er von Maurern grob bearbeitet, dann sorgfältig geschnitten und poliert wird. Die Freimaurer sind viel weniger geheimnisvoll, was ihren Stein angeht, als die Hermetiker.

Daher erklären sie offen, dass der raue Stein für sie der Eingeweihte selbst in seinem ersten Grad ist. Er wird als Lehrling grob bearbeitet, um es zu verdienen, zum Gesellen aufzusteigen, und zwar durch die einfache Tatsache, dass er sich in einen kubischen Stein verwandelt. Streng quadratisch, besitzt dieser Stein, zumindest in seiner Potenz, alle Tugenden des berühmten Steins der Weisen. Es ist jedoch notwendig, die Kunst in ihrer Gesamtheit zu beherrschen, ein perfekter Arbeiter oder Meister zu sein, um die Verwandlung durchführen zu können.

Dies gilt natürlich nicht für die Herstellung von Schätzen mit einem rein konventionellen Wert. Es handelt sich um Errungenschaften, die weitaus wertvoller sind als alles, was Geizige in Versuchung führen könnte.

* * *

Auf sich allein gestellt, aller Annehmlichkeiten beraubt, wird das im Philosophischen Ei eingeschlossene Subjekt bald von Traurigkeit übermannt. Er siecht dahin: seine Kraft verlässt ihn und die Zersetzung beginnt. Unter ihrem Einfluss löst sich das Feinstoffliche vom Grobstofflichen. Dies ist die erste Phase der Prüfung der Luft.

Nach dem Abstieg zum Zentrum der Welt, wo die Wurzeln aller Individualität zu finden sind, steigt der Geist auf; er erhebt sich, erleichtert vom *caput mortuum*, das den Boden des hermetischen Gefäßes schwärzt. Dieser Rückstand wird durch die Kleidung dargestellt, die der Begünstigte ausziehen musste, um seinen gewohnten Rahmen zu verlassen. Nun wird er sich mühsam seinen Weg durch die Dunkelheit bahnen, unbeirrt von der wachsenden Zahl der Hindernisse. Er wird von der Höhe angezogen: Auf der Flucht vor der Hölle will er den Himmel erreichen und strebt den steilen Hang des Berges der Vollkommenheit hinauf, dessen Gipfel Licht ausstrahlen soll.

Sein Aufstieg wird durch einen schrecklichen Sturm unterbrochen, der plötzlich ausbricht. Die Blitze und Wirbelstürme eines Hurrikans erfassen den Wagemutigen, der durch die Luft geschleudert wird und wieder an seinem Ausgangspunkt landet.

Dies ist das Bild des Kreislaufs, der sich im versiegelten Gefäß des Alchemisten abspielt, einem Gefäß, das der ordnungsgemäß verschlossenen Loge entspricht. Der Empfänger, der den Prüfungen unterworfen ist, reproduziert auf seine Weise die Aufspaltung des alchemistischen Subjekts, dessen flüchtige Bedeutung sich erhebt, bis die Kälte der Höhen sie kondensiert.

Das Ergebnis ist ein Regen, der die verfaulten Rückstände wegspült, deren fortschreitende Reinigung in der Alchemie durch die Läuterung mit Wasser dargestellt wird, die der Mystiker in der Freimaurerei erst vollziehen kann, nachdem er das Grab verlassen hat, in dem er symbolisch sterben musste. Wenn in dieser Hinsicht eine gewisse Verwirrung nicht zu vermeiden ist, dann deshalb, weil die Handlungen des Großen Werkes alle in ein und demselben Gefäß vollzogen werden, während die verschiedenen Phasen der freimaurerischen Einweihung an verschiedenen Orten stattfinden. Diese Abweichung ist aus esoterischer Sicht vernachlässigbar, muss aber berücksichtigt werden, wenn man die Symbole, die auf beiden Seiten verwendet werden, miteinander vergleicht.

Abwechselnd durch Feuer verdampft und dann durch Kälte kondensiert, durchquert das Wasser ständig den erdigen Teil des Subjekts, das unmerklich von Schwarz zu Grau und schließlich zu Weiß gewaschen wird, nicht ohne in einem bestimmten Moment die ganze Palette der schimmernden Töne des königlichen Pfauenschwanzes[1] präsentiert zu haben.

Wenn das Weiß erreicht ist, zeigt sich das gereinigte Material bereits als äußerst wertvoll. Sie symbolisiert den Weisen, der allen Versuchungen widerstehen kann. Aber es ist wichtig, sich nicht nur auf die negativen Tugenden zu beschränken: Deshalb muss noch die Feuerprobe bestanden werden.

Für den Alchemisten ist es die Kalzinierung des Subjekts, das einer so starken Hitze ausgesetzt wird, dass alles in ihm verbrannt wird, aber so, dass nur der Teil verbrannt wird, der wirklich zerstört werden soll. Das sind, vom Standpunkt der Einweihung aus gesehen, alle Keime kleinlicher Leidenschaften, jeder Sauerteig engstirniger Selbstsucht, jeder Rest von Niedertracht oder Korruption. Das Salz 🜔 ist nun vollständig gereinigt: seine Transparenz ist perfekt, denn es gibt keine Fremdkörper, die sich mit seinen Kristallen vermischen. Bevor der Begünstigte nicht den entsprechenden Zustand erreicht hat, wird ihm das freimaurerische Licht nicht gewährt. Damit der Zyklus seiner Läuterungen vollständig ist, muss die symbolische Augenbinde von seinen Augen fallen, denn das Licht könnte nicht in ihn eindringen, wenn er nicht für seine Helligkeit durchlässig geworden wäre.

Alle Prüfungen des ersten Grades zielen nur auf diese Durchdringung der irdischen oder salzigen Hüllen ab, die das Zentrum vom inneren Feuer, der Quelle der schwefelhaltigen oder individuellen Glut, isolieren. Das innere Licht zu befreien, es zu erheben, die Hülle zu zerbrechen, die es verbirgt und erstickt, das ist das ganze Programm der einfachen Arbeit oder Medizin des ersten Ordens, des Lehrlings-Grades.

Dieser Grad reicht aus, um uns das äußere oder universelle Licht sehen zu lassen. Er verbindet uns einfach mit dieser Quelle der Erleuchtung, aus der wir als Gesellen die Gnosis mit all ihren einweihenden Vorrechten schöpfen müssen. Indem wir dieses Umgebungslicht, das Paracelsus als siderisches oder astrales Licht bezeichnete, zu uns heranziehen, um uns damit zu sättigen, führen wir das Werk zur roten Farbe, dem Zeichen der Vollendung des vollkommenen Steins, der kubisch genannt wird.

Der Stein der Weisen ist ein perfekt gereinigtes Salz 🜔, das das Quecksilber ☿ gerinnen lässt, um es in einem äußerst aktiven Schwefel 🜍 zu fixieren.

---

1) Einige Autoren geben zu verstehen, dass diese Nuancen eher den Übergang von Weiß zu endgültigem Rot darstellen.

Diese synthetische Formel reduziert das gesamte Große Werk auf drei Vorgänge: die Reinigung des Salzes 🜔, die Gerinnung des Quecksilbers ☿ und die Fixierung des Schwefels 🜍.

Wir haben bereits die Phasen der ersten dieser Operationen angedeutet, die in der Freimaurerei mit dem Grad des Lehrlings verbunden sind. Es bleibt noch zu zeigen, wie das Werk im Grad der Gesellen weitergeht und wie es mit der Meisterschaft abgeschlossen wird. Dieser letzte Grad erscheint uns also als die Krönung der einweihenden Hierarchie, die den sogenannten höheren Graden, die oft als nutzlose und verderbliche Aggregate dargestellt wurden, jeden Wert abzusprechen scheint.

Es ist wichtig, die Dinge in diesem Zusammenhang richtigzustellen.

Die gesamte freimaurerische Esoterik ist sicherlich in den drei Graden des Johanniterordens enthalten, die eigentlich ausreichen müssten, wenn man wüsste, wie man alles, was sie enthalten, extrahieren könnte. Leider sind diese Grade zu tiefgehend und daher für den durchschnittlichen Verstand nicht zugänglich. Die Vermehrung der Grade im 18. Jahrhundert erfolgte also im Grunde genommen für die mittelmäßigen Geister. Indem man die in den ersten drei Graden konzentrierte Esoterik verwässerte, versuchte man, sie mithilfe neuer Formen und verschiedener Allegorien, die meist nur noch entfernt mit der Baukunst zu tun haben, schrittweise zu erfassen. So behauptete man, die hohen Grade seien ritterlich, templerisch, alchemistisch, kabbalistisch usw., alles andere als freimaurerisch.

Würde man die Freimaurerei nur von einem abstrakten oder theoretischen Standpunkt aus betrachten, hätten diese strengen Kritiker, die gegen die „Übertreibung der hohen Grade" protestierten, leider völlig Recht. Aber wir müssen die Eventualitäten berücksichtigen und nachsichtig sein mit dem, was der menschlichen Schwäche zu Hilfe kommt. Die Mehrheit der Anhänger der Königlichen Kunst begnügt sich damit, die Einweihungen symbolisch zu empfangen; aber da sie sie nicht verinnerlichen können, besitzen sie sie nie tatsächlich. Sie erhalten einen Schatz, aber sie kennen seinen Wert nicht und nutzen ihn daher nicht.

Die hohen Grade haben keine andere Aufgabe, als die Esoterik der drei grundlegenden Grade der Freimaurerei allmählich verständlich zu machen. Sie geben nicht vor, neue Geheimnisse zu enthüllen, die der symbolischen Freimaurerei fremd sind; ihr ganzes Bestreben ist es im Gegenteil, sie gut verständlich zu machen, sie in den Köpfen ihrer Anhänger zu verankern, sie von der Bedeutung der Lehre zu überzeugen, damit sie zu wahren Gesellen werden, die fähig sind, die wahre Meisterschaft anzustreben.

Dieser letzte Grad entspricht einem Ideal, das uns vorgeschlagen wird, nach dem wir streben müssen, dessen Verwirklichung aber nicht in unseren Möglichkeiten liegt. Unser Tempel wird nie vollendet werden, und niemand kann erwarten, dass der echte und ewige Hiram in ihm vollständig aufersteht.

* * *

Kehren wir nun zu den Operationen des Großen Werkes zurück.

Wir haben gesehen, dass die ganzheitliche Reinigung des Salzes ⊖ vom Freimaurer während seiner Lehrzeit durchgeführt wird. In dem Moment, in dem diese Reinigung abgeschlossen ist, beginnt die Gesellenschaft. In diesem Moment erscheint die Farbe Rot, die das Ritual den Vorhängen in der Kammer der Gesellen zuweist. Der Adept des 2. Grades ist in der Tat dazu berufen, seine schwefelige Glut sein inneres, konstruktives oder verwirklichendes Feuer 🜍, auf das die aktive, rote und männliche Säule Jachin anspielt, nach außen zu tragen.

Der Lehrling erhält seinen Lohn logischerweise von dieser Säule, die er nur erreicht, wenn er seine Ausbildung abschließt. Um seine Prüfungen zu meistern, musste er ständig aktiv sein, um die äußeren Einflüsse abzuwehren, die ihn zu beherrschen suchten. Die Feuerprobe beinhaltet die Erhöhung des Schwefels 🜍, dessen Glut den Empfänger durchdringt und ihm schließlich eine feurige Atmosphäre schafft. Unter diesen Umständen passt Rot sicherlich zum Lehrling selbst und noch besser zur Säule Jachin, der er sich annähern muss, um Geselle zu werden. Aber die Loge des ersten Grades sollte blau sein, denn sie repräsentiert das Universum in seiner grenzenlosen Weite.

Die rot ausgekleidete Kammer des Gesellen steht für einen viel kleineren Bereich: den Wirkungsbereich unserer Individualität, gemessen am Ausmaß unserer schwefeligen Ausstrahlung. Diese Strahlung schafft eine Art brechendes Medium, das das diffuse Umgebungslicht bricht und auf den spirituellen Kern des Subjekts konzentriert.[1)] Dies ist der Mechanismus der Erleuchtung, die diejenigen genießen, die die Pracht des Flammenden Sterns gesehen haben.

Jedes Wesen trägt diesen geheimnisvollen Stern in sich, aber allzu oft nur als vager Funke, der kaum wahrnehmbar ist. Es ist das philosophische

---

1) Siehe das Diagramm auf Seite 76. Allerdings sollte die hier erwähnte magmatische Atmosphäre nicht mit dem Salz ⊖ verwechselt werden – ist genauer gesagt der Stahl der Weisen, auf den wir auf der nächsten Seite zurückkommen werden.

Kind, der immanente Logos oder der fleischgewordene Christus, der der Legende nach inmitten des Schmutzes einer Höhle, die als Stall dient, im Dunkeln geboren wird.

Die Einweihung wird zur Vestalin dieses Inneren Feuers 🜍, Archäus oder Prinzip jeder Individualität.

Sie ist in der Lage, das Feuer in Gang zu halten, solange es unter der Asche schwelt, und es dann mit Bedacht zu nähren, um es schließlich zu beleben, wenn es die Hindernisse überwinden muss, die es gefangen halten und zur Isolation verurteilen wollen.

Es ist wichtig, dass der Sohn mit dem Vater in Kontakt kommt, dass das Innere 🜍 frei mit dem Äußeren ☿ kommuniziert, das heißt, dass der Einzelne in Gemeinschaft mit dem Kollektiv tritt, dem er angehört.

Wenn wir ausschließlich auf unsere eigenen Ressourcen angewiesen sind, können wir nur auf uns selbst einwirken. Das ist auch alles, was von uns als Lehrlinge verlangt wird. Nachdem unser grober Stein vollständig bearbeitet, gemäß den Regeln geschliffen und poliert ist, brauchen wir uns nicht mehr um unsere Persönlichkeit zu kümmern, die vom Standpunkt der Reinigung des Salzes ⊖ aus gesehen nun das ist, was sie sein soll.

Sobald das Instrument der Aktion fertig ist, liegt es an uns, auf das einzuwirken, was außerhalb von uns liegt, und so die eigentliche Arbeit zu verrichten, die wir als Handwerker oder Gesellen tun. Aber was wir in diesem Grad erreichen könnten, wäre unbedeutend, wenn wir nicht das Geheimnis besäßen, Kräfte anzurufen, die außerhalb von uns liegen. Woher können diese geheimnisvollen Kräfte kommen, wenn nicht von der Säule Boas, deren Name bedeutet: „In Ihm ist die Kraft"? Diese nach Norden ausgerichtete Säule, die dem Mond zugewandt ist und dessen sanftes und weibliches Weiß widerspiegelt, entspricht dem Merkur der Alchemisten ☿, dem Prinzip dieser belebenden Essenz, die in die Wesen eindringt, um ihre zentrale Glut 🜍 immer wieder neu zu beleben.

Wenn diese Glut gewaltsam freigesetzt wird, wie es die Rötung der Materie erfordert (Feuerprobe), entsteht im Zentrum ein relativer Leerraum, der wie ein Magnet wirkt und eine Anziehung auf den Stahl der Weisen ausübt 🜍○. Diese Substanz, deren Ideogramm Schwefel 🜍 mit Alaun ○ oder Feuer △ mit Antimon ♁ verbindet, entspricht dem brennenden Mantel, der den Eingeweihten umhüllt, wenn er durch das Feuer gereinigt wird. Es handelt sich um die ätherische Atmosphäre oder den feurigen Nimbus, der als Gefäß für die höheren und niederen Tugenden dient. Die Adepten sahen darin „den Schlüssel zum gesamten philosophischen Werk, das Wunder der Welt, das Gott mit seinem Siegel versiegelt hat". Sie fügen hinzu, dass es die Quelle des philosophischen Goldes ist, ein ursprünglich reiner Geist, ein höllisches und geheimes Feuer, sehr flüchtig in seiner Art, vergleichbar mit der Quintessenz der Dinge im Universum.[1)]

Dieses veräußerlichte oder himmlische Feuer ist eines der beiden wirklichen oder tatsächlich wirkenden Agens des Großen Werkes, das andere ist das zentrale Feuer, das so weit erhöht ist, dass es das erste wie ein Magnet anzieht. Es entsteht ein Kreislauf, durch dessen Wirkung die beiden Agens zu einem einzigen reduziert werden, dem philosophischen Feuer, das in der Smaragdtafel erwähnt wird, wo es heißt: „Es (das hermetische Agens überhaupt) steigt von der Erde in den Himmel und wieder vom Himmel in die Erde hinab, und es empfängt die Kraft der Dinge von oben und von unten. So wirst du die Herrlichkeit des ganzen Universums erlangen und alle Finsternis wird von dir weichen. Darin liegt die starke Kraft aller Kraft, die alles Feinstoffliche besiegt und alles Feste durchdringt."

* * *

Das *philosophische Feuer* wird durch den roten Schwefel der Weisen aufrechterhalten, dessen Bild der Phönix ist, der ständig aus seiner Asche wiedergeboren wird. Wenn dieser fabelhafte Vogel mit seinem scharlachroten Gefieder der Sonne ☉ geweiht wurde, dann deshalb, weil er das Prinzip der individuellen Beständigkeit repräsentiert.

Vom Standpunkt der Einweihung aus betrachtet, symbolisiert er auch in besonderer Weise die Beständigkeit, die der Adept erlangt, dessen Eigeninitiative in vollkommener Harmonie mit dem Impuls ausgeübt wird, den jeder Baumeister von der regulierenden Kraft des universellen Baus erhält, d. h. vom Großen Architekten des Universums.

Für den Gesellen, der den Ehrgeiz hat, zu wissen, wie er arbeiten soll, geht es also darum, ein Phönix zu werden. Wenn ihm das nicht gelingt, wird er nie mehr als ein mittelmäßiger Handwerker sein, und nicht umsonst sagt man von ihm: „Er ist kein Phönix!"

---

1) Stahl. Laut dem Cosmopolitan und Philalethe steht Stahl für „den reinsten und flüchtigsten Teil der Materie, mit dem die Weisen das Große Werk vollbringen".

Arbeit bedeutet nicht, dass man sich zu sehr anstrengt und seine Kräfte verausgabt, wie der Zyklop, dessen Mangel an Unterscheidungsvermögen durch das eine Auge repräsentiert wird, das die Mythologie ihm zuschreibt. Der Eingeweihte arbeitet mit Intelligenz, erleuchtet von jenem Verständnis, das es ihm ermöglicht, die Gnosis zu verinnerlichen. Er darf nicht ausschließlich aktiv sein (wie der Zyklop), denn um zu verstehen, ist es vom intellektuellen Standpunkt aus gesehen notwendig, passiv oder rezeptiv zu werden. Eine vernünftige Kombination aus Aktivität und Passivität ist daher die unabdingbare Voraussetzung für jede fruchtbare Handlung. Aus diesem Grund muss der Geselle die Theorie der beiden Säulen beherrschen, während der Lehrling nur eine kennt, deren Namen er nur mit Mühe buchstabieren kann.

Der Eingeweihte, der sozusagen androgyn wird, weil sich in ihm die männliche Energie mit der weiblichen Empfindsamkeit vereint, wird in der Alchemie durch den Rebis (von „*res bina*“, das doppelte Ding) dargestellt. Diese Substanz, die sowohl männlich als auch weiblich ist, ist ein Merkur ☿, der durch seinen Schwefel 🜍 belebt und so in Azoth verwandelt wird, d. h. in die Quintessenz der Elemente (fünfte Essenz), deren Symbol der Flammende Stern ist. Es sei darauf hingewiesen, dass dieser Stern immer so platziert ist, dass er die doppelte Strahlung der männlichen Sonne ☉ und des weiblichen Mondes ☾ empfängt; sein Licht ist also von zweigeschlechtlicher, androgyner oder hermaphroditischer Natur. Das Rebis entspricht übrigens der Materie, die für das endgültige Werk vorbereitet wurde, mit anderen Worten dem Gesellen, der sich würdig erwiesen hat, zur Meisterschaft erhoben zu werden.

Nichts ist in diesem Zusammenhang merkwürdiger als ein Pentagramm, das bereits 1659-1660[1)] in der Abhandlung über Azoth erschien. Es wurde in die Zwölf Schlüssel der Philosophie von Bruder Basil Valentin, einem Ordensbruder des Heiligen Benedikt, veröffentlicht.

Wie in der Abbildung unten zu sehen ist, erscheint der alchemistische Androgyne dort als Triumphator über den Drachen des elementaren Lebens, also als Eingeweihter des zweiten Grades, der die Vierheit der Elemente bezwingt.

---

1) Bruder Höhler wies uns darauf hin, dass dieses Pentagramm bereits früher in Werken wie dem Prodromus Rhodostauroticus Parergi Phil. von 1620 und der Basilica Philosophica von Jo. Dan. Mylius von 1618 erwähnt wird.

Einer seiner Köpfe wird von der Sonne ☉ (Vernunft) und der andere vom Mond ☾ (Vorstellungskraft) beherrscht; zwischen ihnen sehen wir jedoch den Stern des Merkur ☿ (Intelligenz, Verstand, Gnosis). Mars ♂ und Venus ♀ (Eisen und Kupfer, harte Metalle) üben ihren Einfluss auf die rechte Seite (Aktivität) aus, die linke Seite (Passivität) wird von Jupiter ♃ und Saturn ♄ (Zinn und Blei, weiche Metalle) beeinflusst. Mars ♂ (Energie, Bewegung, Aktion) steht übrigens in direkter Verbindung mit dem rechten Arm, der mit dem Hammer schlägt und die beschlossene Handlung ausführt, während der linke Arm, dessen Aufgabe es ist, das Meißel fest und unbeweglich zu halten (moralisch zurückzuhalten), mit Jupiter ♃ (Bewusstsein, Selbstachtung) verbunden ist.

All dies wäre reiner Hermetismus, wenn die Personifikation des Rebis nicht in der rechten Hand einen Zirkel (Wahrheit, Vernunft, Intellekt) und in der linken Hand ein Winkel (Fairness, Gefühl, Moral) hätte, um die vereinte Dualität des Rebis zu betonen.

Es ist überraschend, diese grundlegenden Embleme der Königlichen Kunst in einer Schrift zu finden, die behauptet, „die Mittel zur Herstellung des geheimen Goldes der Philosophen" zu lehren und deren Autor in einer Zeit lebte, die lange vor der Wiedergeburt der modernen Freimaurerei lag.

Der Adept kann das Rebis erst ausführen, wenn er die Anziehungskraft der Elemente beherrscht. Alles, was in ihm nieder, brutal und instinktiv ist, muss gezähmt werden, bevor er das Feuer des Himmels anziehen kann, um es zu verinnerlichen.

Mit anderen Worten, es geht darum, das Animalische zu überwinden, um den Menschen in den Besitz seiner selbst zu bringen. Das Pentagramm oder der Flammenstern ist genau das Symbol des Menschen, der von allem befreit ist, was ihn daran hindert, ein einzigartiger und vollständiger Mensch zu sein.

Die fünf Spitzen dieser Figur, die auch als *mikrokosmischer Stern* bezeichnet wird, entsprechen den vier Gliedmaßen und dem Kopf des Menschen. Da die Gliedmaßen das ausführen, was der Kopf befiehlt, ist das Pentagramm auch das Zeichen des souveränen Willens, dem nichts widerstehen kann, sofern er unerschütterlich, vernünftig und uneigennützig ist.

Damit der fünfzackige Stern diese Bedeutung beibehält, muss er so gezeichnet werden, dass eine menschliche Figur in normaler Position mit dem Kopf nach oben darauf abgebildet werden kann; mit dem Kopf nach unten nimmt er eine diametral entgegengesetzte Bedeutung an. Es ist nicht mehr das leuchtende Pentalpha oder der Stern der Heiligen Drei Könige, das Emblem des menschlichen Genies und der Freiheit, sondern der dunkle Stern der rohen Instinkte, der lüsternen Begierde, die die Tiere unterjocht, und man sieht in ihm die Abbildung eines Ziegenkopfes.

Vom Standpunkt der Einweihung aus gesehen, bedeutet der Rang eines Gesellen bereits, dass man in der Lage ist, das zu tun, was der gewöhnliche Mensch Wunder nennt. Mit dem Zirkel und dem Winkel bewaffnet, hebt der Eingeweihte die Welt an – die moralische Welt natürlich, aber das ist die einzige, die angehoben werden muss.

Was wird der Meister tun? Er wird sich mit dem Großen Architekten des Universums identifizieren, um in ihm und durch ihn zu handeln.

Das ist reiner Mystizismus, das leugne ich nicht. Aber das beweist, dass die religiöse Mystik in ihren Zielen mit der hohen Einweihung übereinstimmt. Indem die Mystik die drei aufeinanderfolgenden Wege durchläuft, die als reinigend, erleuchtend und vereinigend bezeichnet werden, ist sie nicht weniger logisch, als wenn sie ihre Kasteiungen auferlegt, die, wenn sie richtig verstanden werden, demselben Zweck dienen wie die Einweihungsprüfungen. Sich zu kasteien (frz.:mortifier, darin steckt das Wort „mort“ – Tod. Anm. des Übersetzers) – das Wort sagt alles – bedeutet, für etwas zu sterben. In der Freimaurerei wird uns zweimal der Tod auferlegt, zuerst zu Beginn unserer Reise in der Kammer der Besinnung, dann im Moment unserer endgültigen und vollständigen Einweihung in der Mittleren Kammer.

Dieser zweite Tod entspricht der Vollendung des Großen Werkes. Das ist gleichbedeutend mit der totalen Selbstaufopferung, die auf dem Verzicht auf alle persönlichen Wünsche beruht. Es ist das Erlöschen des radikalen Egoismus, der den adamischen Fall herbeiführt, indem er auf die Spiritualität die ursprüngliche Anziehungskraft ausübt, um sie dazu zu bringen, sich in die Materie zu integrieren. Das begrenzte und unbedeutende Ego verschwindet vor dem höheren, unpersönlichen Selbst, das durch Hiram symbolisiert wird. So wird die mythische Sünde des universellen Adam erlöst. Denn, man darf sich nicht täuschen lassen, der Architekt des Tempels ist für den Großen Architekten des Universums genau das, was das fleischgewordene Wort oder Christus für den Ewigen Vater der christlichen Vorstellung ist.[1)]

Die Fixierung des philosophischen Schwefels, d. h. die Meisterschaft, wird auch durch die Tortur des Prometheus dargestellt, der im Kaukasus angekettet wurde, weil er das Feuer des Himmels gestohlen hatte, wie auch durch Christus, den Erlöser, der mit drei Nägeln am Quaternär der Arme des Kreuzes hängt.

Das Tarot ist in dieser Hinsicht nicht weniger eindeutig. Sein zwölfter Schlüssel bietet uns in der Tat das Bild eines Gehängten, der lächelnd zwischen Himmel und Erde schwingt. Er hängt an seinem linken Fuß an einem Balken, der von zwei Bäumen gestützt wird, die den Säulen Jachin und Boas entsprechen. Der Kopf und die Arme bilden ein umgekehrtes Dreieck, darüber ein Kreuz, das durch das rechte, hinter dem linken Bein angewinkelte Bein gebildet wird und das klassische Zeichen für die Vollendung des Großen Werkes darstellt. Dieser seltsame Gefolterte trägt zwei Beutel bei sich, aus denen Gold- und Silbermünzen herausschauen. Dies sind die Schätze seiner Intelligenz, denn dieser Träumer, der durch seine gefesselten Hände zur Ohnmacht verurteilt zu sein scheint, sät die fruchtbaren Ideen, aus denen die Zukunft hervorgehen wird.

Dies ist auch die Rolle des Meisters, der, um das Werk des universellen Bauens sinnvoll zu leiten, in eine enge Gemeinschaft der Absicht und des Wollens mit dem Großen Architekten treten muss. Hier ist er aufgerufen, das mystische Ideal des Menschen-Gottes zu verwirklichen, der durch seine Loslösung von den niederen Dingen mit souveräner geistiger Macht ausgestattet ist.[2)]

Er ist nicht länger der Sklave von nichts, sondern wird zum Meister von allem, denn sein Wille wird nur in vollkommener Übereinstimmung mit dem Willen ausgeübt, der das Universum regiert.

Zwischen dem Abstrakten und dem Konkreten, zwischen der schöpferischen Intelligenz und der objektiven Schöpfung angesiedelt, präsentiert sich der Mensch so gesehen als der Vermittler schlechthin oder der wahre Demiurg der gnostischen Schulen.

Aber als solcher reicht es nicht aus, dass er das Licht aus der Urquelle schöpft; er ist außerdem eng mit den Arbeitern verbunden, die er ausbilden und

---

1) Dr. Lauer stellt in diesem Zusammenhang die folgenden Entsprechungen her: Hiram-Hermes = Logos = Christos = JHSVH; G.-. A.- von U. = Zeus-Pater = Demiurge = Vater = JHVH.

2) Und durch seine Verbindung mit den Dingen der oberen Welt, wie es der Gehängte andeutet.

anleiten soll. Das unverzichtbare Band ist hier nichts anderes als Sympathie. Der Meister muss geliebt werden, und er kann dies nur erreichen, indem er sich selbst mit der ganzen Inbrunst einer Großzügigkeit liebt, die bis zur absoluten Hingabe, bis zur Selbstaufopferung geht.

Der Pelikan ist in diesem Sinne das Sinnbild der Nächstenliebe, ohne die in der Einweihung alles unwiederbringlich vergeblich bliebe. Die hellsten Gaben der Intelligenz und des Willens würden aus einem Adepten, der die Qualitäten des Herzens nicht kultiviert hat, immer nur einen falschen Magier machen. Die Belohnung für denjenigen, der sich durch das Gefühl nicht weniger als durch die Wissenschaft erhoben hat, liegt im Siegel Salomons.

Diese beiden miteinander verbundenen Dreiecke bilden den Stern des Makrokosmos oder der Welt im Ganzen. Sie symbolisieren die Vereinigung von Vater und Mutter, Gott und Natur, dem einen Geist und der universellen Seele, dem zeugenden Feuer und dem zeugenden Wasser. Es ist das Pentagramm schlechthin, das Symbol einer Macht, der nichts widerstehen kann und über die wir verfügen würden, wenn wir tatsächlich den Meistergrad erreichen sollten.

Einige Klarstellungen zur okkulten Medizin

Die Okkulte Medizin stützt sich auf das Wissen über den Menschen, insbesondere auf das Unsichtbare und Unerforschte, das von der offiziellen Wissenschaft heutzutage nicht vollständig erfasst wird. Diese Medizin wirkt mit Mitteln, die für diejenigen, die nicht in die geheimen Gesetze der Natur eingeweiht sind, irrational erscheinen.

Diese Gesetze wurden, was ihre praktische Anwendung betrifft, von intuitiven Weisen des Altertums entdeckt. Später inspirierten sie die traditionelle Wissenschaft, die als Magie bekannt ist.

Dieser Begriff, der viel missbraucht wurde, sollte für etwas anderes als bedeutungslose Träumereien verwendet werden. Wenn sich dahinter viel plumper Aberglaube verbirgt, sind die Betrüger und Scharlatane schuldig, die sie ausgenutzt haben; aber ihre absurden Extravaganzen entlarven sie als Unwissende der wahren Magie.

Dieses Wissen ist ernsthaft, tiefgründig, mühsam und schwer zu verinnerlichen, selbst wenn es nur in der Theorie besteht. Umso gewagter wird es, sich mit der Praxis zu befassen. Bestimmte Bedingungen intellektueller, moralischer und physischer Natur müssen von denjenigen erfüllt werden, die danach streben, die Geheimnisse zu lüften, die die Natur mit Bedacht vor den Augen der gewöhnlichen Sterblichen verbirgt. Die okkulten Wissenschaften sind ein Labyrinth, in dem der Unvorsichtige, der sich ohne sorgfältige Vorbereitung hineinwagt, verloren geht. Er riskiert dabei seinen Verstand, sein physiologisches Gleichgewicht, seine Gesundheit, ganz zu schweigen von seinem Vermögen oder seinem Seelenheil.

Das soll nicht heißen, dass die Einweihung mutigen Geistern, die ihre Risiken akzeptieren, verwehrt ist. Diejenigen, die die Berufung haben, werden die Erleuchtung erlangen, aber sie werden harte Prüfungen bestehen müssen. Denken wir hier nicht an die mehr oder weniger seltsamen oder erschreckenden Zeremonien der Einweihungsgesellschaften, oder an die Prüfungen, die den Kandidaten der profanen Schulen auferlegt werden.

Wir müssen im Geist und in der Wahrheit eingeweiht werden. Würden wir uns auf Äußerlichkeiten und äußerliche Formen beschränken, wäre das Ergebnis nichts als eine trügerische Illusion. So viele Irregeleitete sind in die

Fallen der falschen Magie getappt, weil sie dachten, sie könnten die Prüfungen umgehen. Ungeduldig danach strebend, etwas zu erfahren, waren sie dem Falschen nicht abgeneigt, bevor sie das, was sie für wahr hielten, an sich zogen. Das Ergebnis war, dass sie es falsch verstanden und übereilt auf unvorbereitetem Boden bauten. Da es keinen schlimmeren Irrtum als eine falsch verstandene Wahrheit gibt, entehrt ein falsch eingeweihter Angeber die Einweihung. Er kann sogar in die Perversion verfallen, die die besten Dinge korrumpiert, was das Sprichwort „Corruptio optimi pessima" rechtfertigt.

Aus Angst vor jeglicher Entweihung unterwarfen sich die wahren Eingeweihten stets der Disziplin des Schweigens. Sie sprachen immer mit Bedacht und nur in Anwesenheit geprüfter Jünger. Die anerkannte Wahrheit musste jedoch all jenen zugänglich gemacht werden, die in der Lage sind, sie zu erkennen. Deshalb wiesen Bilder, Allegorien und Symbole auf das hin, was erahnt werden musste. So enthalten die ältesten Mythologien und Gedichte geheimnisvolle Lehren, die sich in den religiösen Traditionen aller Völker, in den Symbolen der verschiedenen Kulte und sogar in den Fabeln oder Märchen der Volkslegenden wiederfinden.

Eine alte Wahrheit besagt: „Gleiches zieht Gleiches an". Seit der Entstehung der menschlichen Gesellschaften bildeten sich besondere Gruppierungen, die Spezialisten vorbehalten waren. So wurden die primitiven Thaumaturgen, die sich in der Wahrsagerei geschickt zeigten und Kranke heilten, dazu gebracht, sich zu vereinen, sich gegenseitig zu unterweisen und ihre geheimnisvollen Kräfte einander zu übermitteln: dies war der Ursprung aller Einweihungsgesellschaften, die sich unter bestimmten Bedingungen bildeten und mehr oder weniger geheime Riten praktizierten.

Die verschiedenen Vereinigungen, die aus demselben ursprünglichen Stamm hervorgegangen sind, unterschieden sich je nach dem Zweck, den sie verfolgten. Die einen befassten sich mit der Entwicklung, Ausübung und Weitergabe der magischen Kräfte, die in der menschlichen Natur schlummern. Andere wollten in die Geheimnisse der Götter und die Mysterien des Jenseits eingeweiht werden: dies waren die Gründer der Priesterschulen. Diese Mystiker, die die Arbeit verachteten, standen die Arbeiter gegenüber, die stolz auf ihre Einweihungen waren, und an die sich die Handwerksreligionen anschlossen, die die Arbeit verherrlichten und heiligten; schließlich kamen die Philosophen, die den Ehrgeiz hatten, Wahrheiten zu entdecken, die der Masse nicht zugänglich waren. Auch sie organisierten sich in Bezug auf ihre Ausbildung und Forschung. Sie bezeichneten sich als Anhänger einer Kunst, die allen anderen überlegen war, der Kunst des Denkens, die zu ihrer Großen Kunst wurde, die auf das Große Werk anwendbar war.

Diese höhere Arbeit ist nichts anderes als die ewige Arbeit in der göttlichen Schöpfung, die dem Gesetz der Evolution und des ständigen Fortschritts unterworfen ist.

Um sich dieser Arbeit anzuschließen, bemüht sich der Weise, in sich selbst alle Perfektion zu erreichen, die die menschliche Natur zu bieten hat. Er bleibt nicht im Zustand des rauen Steins, sondern wird zu einem kubischen Stein, mit anderen Worten, zum Stein der Weisen.

Die von den antiken Handwerkern verwendeten Symbole stimmen in der Tat mit denen der Alchemisten überein, zumindest was den Stein betrifft, der laut Eliphas Levi, dem großen Okkultisten des neunzehnten Jahrhunderts, beschreibt: „in der göttlichen Ordnung die wahre Religion; in der menschlichen Ordnung die wahre universelle Wissenschaft, quadratisch von der Basis her, solide wie der Würfel, absolut wie die Mathematik; in der natürlichen Ordnung die wahre Physik, die dem Menschen das Königtum und das Priestertum der Natur ermöglichen soll, indem sie ihn zum König und Priester des Lichts macht, das die Seele vervollkommnet und die Formen vollendet, das die Tiere in Menschen, die Dornen in Rosen und das Blei in Gold verwandelt."

Die groben Geister haben sich nur an diese letzte Eigenschaft erinnert. Seitdem haben sich einige unverständige Menschen auf chemische Manipulationen eingelassen, ohne zu erkennen, dass die Sprache der hermetischen Philosophen nicht wörtlich genommen werden sollte. Sie konnten jedoch lesen, „dass die Metalle der Philosophen nicht die gemeinen Metalle sind", dass ihr Schwefel, ihr Quecksilber und ihr Salz nichts mit den so bezeichneten Substanzen gemein haben und dass ihr Feuer nicht das der Küchen, Schmieden oder Fabriken ist.

Die gesamte hermetische Symbolik bezieht sich auf das Okkulte, insbesondere auf die Kräfte, die von den Weisen für einen Zweck eingesetzt werden, der ihrer Aufmerksamkeit und ihrer Arbeit würdiger ist, als die Verwandlung gewöhnlicher Metalle in das von den Gierigen vergötterte Gold.

Es ist möglich, dass tatsächlich prägbares Gold gewonnen wurde, weil das Dogma der Unveränderlichkeit einfacher Körper seine wissenschaftliche Autorität verloren hat. Die Verwandlungsindustrie steht im Widerspruch zu der Verachtung, die jeder wahre Philosoph vergänglichen Reichtümern entgegenbringt. Für den Eingeweihten ist Gold nur ein Symbol der Vollkommenheit, das Mittel, um eine wohltuende Wirkung auf die Menschen auszuüben, sie zu erleuchten, sie zu moralisieren und sie von den Übeln zu befreien, unter denen sie leiden. Die Heilung war das Ziel des Großen Werkes, das sich auf die Universalmedizin bezog.

Das Allheilmittel für alle intellektuellen, moralischen und physischen Leiden lag im Stein der Weisen, einem Präparat, das nicht außerhalb des Menschen gesucht werden sollte: denn der Stein, der sich aus eigener Kraft schleift, ist nichts anderes als die menschliche Individualität. Der Freimaurerlehrling arbeitet an sich selbst, wenn er, bewaffnet mit Meißel und Hammer, seinen groben Stein von seiner Rauheit befreit. Indem er sich in einen rechteckigen, geschliffenen, kubischen Stein verwandelt, erreicht er den Rang des Gesellen und krönt dann seinen Einweihungsweg mit dem Rang des Meisters, der ihn dazu verpflichtet, die gleichen Tugenden zu erwerben, die dem Stein der Weisen zugeschrieben werden. Dies stellt einen Zustand, eine Art zu sein des Weisen dar, der in sich selbst vollständig ist.

In diesem Zustand werden Wunder vollbracht, denn nichts im Bereich der Verwirklichung des Guten ist für den Menschen, der in den Mechanismus aller Erfolge eingeweiht ist, unmöglich. Zweifellos ist die Theorie leichter zu verstehen als die konkrete Praxis der Kunst. Die Prinzipien der Wissenschaft sind zugänglich und die zu befolgenden Regeln sind leicht zu formulieren; aber die Anwendung von beidem erfordert ein seltenes Talent, das einzige, das zum wahren Magisterium des Weisen führt.

Vergessen wir nicht, dass es darum geht, alle Krankheiten zu heilen, sowohl die des Geistes, der Seele und des Körpers, unabhängig davon, ob sie einzelne Personen oder das Kollektiv betreffen, denn das soziale Übel fällt ebenso in den Bereich der universellen Medizin wie die Krankheiten einzelner Wesen. Die Kunst ist hier die der Priester und Könige, die als Vertreter einer höchsten Harmonie betrachtet werden, die jeder Adept in sich selbst vollenden muss, um dann auch andere harmonisieren zu können.

Was wir gemeinhin als okkulte Medizin bezeichnen, ist nur eine teilweise Anwendung der Großen Kunst der Eingeweihten. Die Therapie, die auf dem Einfluss eines Nervensystems auf ein anderes beruht, ist nur ein isolierter Zweig der operativen Praxis, die den ältesten Eingeweihten bekannt war. Unsere Magnetiseure finden Kollegen in allen wilden Stämmen. Auch die Wirkungen der Vorstellungskraft wurden seit den frühesten Zeiten von beeinflussenden Personen genutzt, die sich wenig um die Theorie kümmerten; sie waren sehr mächtig, weil sie selbst in hohem Maße suggestiv waren.

In der Vergangenheit herrschte jedoch ein grober Empirismus vor, der in der Dunkelheit des Glaubens kämpfte, ohne das Licht einer rationalen Wissenschaft zu erreichen. Die Eingeweihten hatten keine Illusionen über das Ausmaß ihres Wissens. Die Einsicht belehrte sie vor allem im Negativen, daher das Bekenntnis des wahren Weisen, der bekennt, dass er nichts weiß.

Ohne es genau zu wissen, kann er wertvolle Wahrheiten zumindest erahnen, erraten und vermuten, die durch lange Erfahrung gerechtfertigt sind.

So entsteht die Tradition, die zwar vage bleibt, von der sich aber jeder ernsthaft Suchende nach okkultem Wissen inspirieren lässt. Diese wahre Tradition wurde nie zu einer Doktrin formuliert, sie ist in keinem Buch niedergeschrieben und niemand kann sie von Mund zu Ohr erhalten. Was objektiv übertragbar ist, ist nur Rauch und kein Licht.

Geistige Klarheit wird nicht wie die Flamme einer Fackel weitergegeben. Unser Verstand ist keine Lampe, die künstlich beleuchtet wird; er ist ein Feuer, das die Dunkelheit selbst überwinden muss, damit es nicht mehr unter der Asche schwelt, sondern sich entzündet und frei leuchtet.

Zu lehren, wie man das Licht erobert, ist der einzige Zweck der Einweihung, die sich über die vielen kleineren Einweihungen, den Anwendungen von Einweihungsprozessen auf Lehren von untergeordneter Bedeutung erhebt. Zu dieser Ordnung gehören die formalistischen Einweihungen, die in ihrem begrenzten Bereich zweifellos einen nützlichen Eindruck hinterlassen. In ihrer Bescheidenheit stehen sie über den *okkulten Einweihungen*, die oft von kleinlichen Ambitionen ausgehen: dem Wunsch, durch ein von der Masse ignoriertes Wissen zu glänzen, dem Verlangen nach außergewöhnlichen Kräften. Der wahre Eingeweihte strebt die Erleuchtung nur an, um im Dienste des größten Wohls zu handeln. Er ist nicht neugierig auf das Außergewöhnliche, er will nur schweigen, ohne sich jemals zu erkennen zu geben, während er sich im Verborgenen der Aufgabe widmet, die ihm bei der Verwirklichung des Großen Werkes zukommt.

Seit den frühesten Zeiten wurde die Eroberung des Lichts durch Bilder gelehrt. Die ältesten babylonischen Gedichte spielen darauf an[1)], ebenso wie einige der Rätsel der Mythologie. Aber die Hermetiker des Mittelalters haben dieses verstreute Wissen sozusagen kodifiziert, indem sie die Vorgänge des Großen Werkes beschrieben. Die Freimaurer übernahmen das Programm der Umwandlung von profanem Blei in das Gold der Einweihung und übernahmen Rituale, die der reinsten Tradition entsprachen.

Diese Rituale, die auf geheimnisvolle Weise von Unbekannten verfasst wurden, enthalten eine Weisheit, die zu wertvoll ist, um von allen Anhängern einer Vereinigung mit mehr als vier Millionen Mitgliedern gewürdigt zu werden. Die Freimaurerei teilt also das Schicksal der Religionen: Sie lehrt

1) Siehe Paul Dhorme, „Choix de Textes religieux assyro-babyloniens“, Paris, Gabalda, 1907. Siehe auch, in der „Collection du Symbolisme“, unsere Interpretation des Ishtar-Gedichts.

durch Symbole, die nur von einer kleinen, auserwählten Gruppe verstanden werden. Sie zielt auf den Fortschritt durch Regeneration ab, was mit der Erlösung, von der die Christen sprechen, im Einklang steht. Der Erlöser der Freimaurer wird durch das Licht dargestellt, das nach dem Evangelium jeden Menschen erleuchtet, der in diese Welt kommt. Dieses innere Licht, das Logos oder Gedanke-Vernunft genannt wird, entspricht dem philosophischen Kind der Jünger des Hermes. Wir müssen diesem Gott, der in unserem düsteren Intellekt schwach geboren wurde, helfen, stark zu werden, daher die allegorischen Operationen des Magisteriums der Weisen und die vom freimaurerischen Ritual vorgeschriebenen Beweise.

Es ist der Erlöser der Menschheit, den es in jedem von uns zu erheben gilt, denn nach der Überzeugung der Weisen greift der himmlische Vater auf Erden nur durch seinen Sohn ein, der in uns inkarniert ist. Da wir den Keim der göttlichen Vernunft in uns tragen, müssen wir vernünftig, gut und großzügig werden und uns für die Rettung aller einsetzen. Das spirituelle Gold, der Stein der Weisen, das universelle Allheilmittel, steht für die Idee einer einzigen Medizin für alle Krankheiten, an denen die Menschheit leidet.

Reicht es aus, sich auf eine einzige Medizin zu verlassen, um zu heilen? Das ist die Überzeugung derer, die Glaubenslehren predigen. Die Eingeweihten schlagen nicht einfach eine Therapie vor. Sie glauben, dass der Einzelne lernen muss, sich selbst zu heilen, und zwar durch Reinigungen, die ihn von allem befreien, was seiner körperlichen, moralischen und geistigen Gesundheit entgegensteht. Sobald er gesund ist, wird er die Gesundheit um sich herum verbreiten, so dass niemand mehr infiziert wird. Wir brauchen also nicht gegen Laster zu predigen, sondern müssen alles Laster in uns selbst abtöten. Es besteht keine Notwendigkeit, andere zu einer bestimmten Lebensweise zu bekehren, sondern vorbildlich zu leben und jedem seine eigene Meinung zu lassen. Vermeiden Sie Streit, handeln Sie korrekt, arbeiten Sie immer für das Allgemeinwohl.

Wie können wir daran zweifeln, dass dies nicht die Grundsätze der Wahren Medizin sind, die von denen praktiziert wird, die den Stein der Weisen besitzen? Suchen Sie nach diesem Stein in Ihrem Inneren und Sie werden ihn finden; bitten Sie in der tiefen Aufrichtigkeit Ihres Herzens um Licht und Sie werden es erhalten; klopfen Sie endlich an die Tür des Heiligtums der reinen Tradition und sie wird sich für Sie öffnen!

Vertrauen Sie auf sich selbst, auf Ihr gutes Gefühl und lassen Sie sich nicht von geschwätzigen Pontifexen täuschen. *Ora et labora!*

Grundlagen der Hermetik

Die drei Prinzipien

In einer Dissertation, die er vor der Medizinischen Fakultät in Paris hielt, sah sich Doktor Ch. de Vauréal 1864 veranlasst, die Theorien der Alchemisten über die Gärungsprozesse[1)] zu erwähnen. So beginnt seine Erklärung:

„Die Alchemisten leiten alles von einem Grundprinzip ab: dem Licht. Klarheit und Wärme sind nur Begleiterscheinungen dieses Prinzips. Es bildet Luft und Wasser. Da Wasser die Mischung schlechthin ist, die das Flüchtige mit dem Festen vereint, betrachteten sie es, wie Thales von Milet, als das Grundprinzip aller anorganischen und organischen Substanzen. Das Werk, das sie vorschlagen, ist dasselbe wie das der Schöpfung, die mit dem Atem Gottes über dem Wasser und dem *fiat lux* begann. Sie haben jedoch nicht die Absicht, etwas aus dem Nichts zu erschaffen. Sie schlagen vor, die erste oder elementare Materie zu finden, die für sie nicht die Erde, sondern Schwefel[2)] ist. Sobald sie diesen Schwefel erhalten haben, wollen sie ihn mit dem Flüchtigen oder Merkur durch eine Reihe von Sublimationen vereinen, um einen Stoff zu erhalten, der sehr spirituell, d. h. extrem aktiv ist; diesen Stoff nennen sie den Stein der Weisen.

Die Alchemisten behaupten, folgendermaßen vorzugehen: Sie nehmen eine Substanz, die sie nicht nennen, und behandeln sie mit einem Mittel, das sie Feuer nennen, das jedoch in Wirklichkeit ein Wasser ist, mit dem sie glauben, das astrale Licht kondensiert zu haben.

Dieses Agens, so sagen sie, hat eine fermentierende Kraft, und durch anhaltende Anstrengungen, die sie als Herkulesarbeit bezeichnen, hoffen sie, die Fermentation der Substanz und ihre Trennung in Schwefel und Merkur zu erreichen. Dieser erste Vorgang endet mit der Fäulnis, die aufgrund ihrer Farbe schwarz oder Rabenflügel genannt wird. Sie glauben jedoch nicht, dass sie

---

1) Doutor Ch. de Vauréal. „Essai sur l'Histoire des Ferments, de leur rapprochement avec les miasmes et les virus" Paris, Adrien Delahaye, 1864.

2) Der Doktor von Vauréal zitiert hier ein Manuskript mit dem Titel: „Adamus Supra Mundum" dank dem er die systematischen Metaphern der Hermetiker verstehen konnte

ihren Schwefel und ihr Quecksilber auf Anhieb erhalten würden. Ersteres ist noch mit einem großen Teil der Schlacke verbunden, und letzteres ist in dem entstandenen Salz enthalten. Nur durch eine Reihe von Auflösungen, Gärungen und Sublimationen hoffen sie, ihr Werk zu vollenden.

Wenn diese Operationen erfolgreich sind, erhalten sie das weiße Quecksilber oder *aqua viva*[1] und den Schwefel, den sie das Blut der Erde oder das Blut des Drachens nennen. Dann beginnt eine neue Phase, die darin besteht, den Schwefel mit dem Quecksilber oder den roten Mann mit der weißen Frau zu vereinen, und aus dieser Vereinigung entsteht die Universalmedizin der hermetischen Philosophen.“

* * *

Da das ursprügliche Licht das schöpferische Element ist, können wir es uns nur so vorstellen, dass es von überall her gleichzeitig ausstrahlt. Es geht von einem Zentrum aus, das nirgendwo lokalisiert ist, sondern das jedes Wesen in sich selbst findet. In der Vielheit liegt die Einheit, die Allgegenwart der unendlichen Quelle aller Existenz, allen Lebens und allen Denkens.

In jedem Individuum, egal welchem Bereich es angehört, manifestiert sich dieses universelle Licht als Zentrum expansiver Energie. In uns brennt ein inneres Feuer, das von dem aufrechterhalten wird, was die Alchemisten Schwefel nennen 🜍.

Dieses vitale Feuer, das jeder organischen Zelle und auch den mineralischen Atomen innewohnt, breitet seine Strahlung ins Unendliche, so dass von allen individualisierten Wesen eine leuchtende Strahlung ausgeht, die sich durch den Raum nach außen verbreitet. Dieser neue Aspekt des Lichts, das in seiner Essenz eins ist, trägt in der Hermetik den Namen Merkur ☿, denn so wie dieses Metall durch die Poren dringt und dazu neigt, zum Zentrum der organischen Körper vorzudringen, so wird angenommen, dass das umgebende Licht zentripetal und universell durchdringend ist.

Es gibt also eine Unterscheidung zwischen der leuchtenden Strahlung, die sich von innen nach außen ausbreitet (Schwefel 🜍), und derjenigen, die von außen kommend in jedem Brennpunkt der Emission konzentriert wird (Quecksilber ☿). Aber wie kann man von innen und außen sprechen, ohne sich

1) Aqua vitae, alcaold oder Alkohol, alkaest, haben alle die gleiche Bedeutung, nämlich eine subtile, aktive und reine Materie, die nichts anderes ist als das Quecksilber der Alchemisten.

ein Zwischengefäß vorzustellen, eine Grenze, an der die gegensätzlichen Strahlungen ausgleichen und durch ihre Stabilisierung verdichtet werden? Aus dieser Vorstellung entsteht Salz 🜔, der dritte Aspekt des Lichts, das das Universum durchflutet und keinen Raum für die negative Dunkelheit lässt, die einem unvorstellbaren Nichts entsprechen würde.

Schwefel 🜍, Quecksilber ☿ und Salz 🜔 sind die drei Prinzipien, die die Weisen notwendigerweise in allem, was existiert, unterscheiden, denn man kann sich nichts vorstellen, das nicht seine eigene Substanz, seine eigene begrenzende Sphäre (Salz 🜔) hat, die gleichzeitig inneren Einflüssen (Schwefel 🜍) und äußeren Einflüsen (Quecksilber ☿) unterliegt.

In seiner Universalität betrachtet, als die ätherische Dynamik, die alle Dinge beseelt, erhält das wirkende Quecksilber den Namen Stickstoff der Weisen. Das Ideogramm ändert sich leicht: Der passive Halbmond, der ihn krönt ☿, wird durch das Tierkreiszeichen des Widders ersetzt ♈. Man ist versucht zu behaupten, dass alles ursprünglich in diesem Azoth, dem Anfang und dem Ende der Schöpfung, enthalten ist. Er ist der göttliche Atem (Ruach Elohim), der von Ewigkeit her über den salzigen Gewässern schwebt 🜔. Er ist es, der sich in der jungfräulichen Substanz inkarniert, damit das erlösende Licht geboren werden kann.

Dieses Licht, das kostbarer ist als alle Schätze, ist das, was das Bewusstsein erhellt und den Willen leitet. Es wird von Quecksilber (dem göttlichen Atem) geboren, der durch die gereinigte Hülle des Salzes (die tierische Persönlichkeit) in den Schwefel (das Zentrum der individuellen Initiative) eindringt. Einweihende Reinigungen greifen die undurchsichtige Kruste des schwefelhaltigen Kerns an; wiederholte Waschungen entfernen allmählich die salzigen Schichten des verdunkelnden Schlamms und machen sie transparent. Wenn dieser Vorgang abgeschlossen ist, fällt die Augenbinde von den Augen des Eingeweihten, der dann das Licht sieht.

Natürlich hat keine Zeremonie die Macht, das wahre Licht zu schenken. In einem Ritual ist alles nur Bild und Symbolik. Reinigen wir uns im Geist und in der Wahrheit, wenn wir das wahre Licht erobern wollen, das uns, wenn es uns durchdringt, durch die Einweihung erleuchten wird.

Was ist diese Erleuchtung anderes, wenn nicht die Vermählung von Schwefel und Quecksilber in uns, von dem oben erwähnten roten Mann und der weißen Frau? Mit dem *roten Mann* meinen wir den individuellen Willen und mit der *weißen Frau* den allgemeinen Willen, den der Himmels, die im Tarot durch die Kaiserin dargestellt wird.

Wenn wir lernen, in perfekter Harmonie mit der Führung des Universums zu wollen, verwirklichen wir das alchemistische Ideal des gereinigten Salzes, des Hochzeitszimmers von Schwefel und Quecksilber.

In der menschlichen Natur entspricht der Schwefel 🜍 der Männlichkeit. Seine Vorherrschaft hebt die Eigeninitiative hervor und fördert Kühnheit, Unternehmungsgeist, Wagemut, unerschrockene Kühnheit, unerschütterlichen Mut, ausdauernden Eifer, stolze Energie und die Lust an der Führung. Schwefel ist erfinderisch, er schafft, gründet, etabliert (Jachin-Säle). Es regt zur Bewegung, zum Handeln nach außen und zur Eroberung an, es regt zum Nehmen und Geben an, nicht zum passiven Empfangen. Auf intellektueller Ebene stört dieser Einfluss den fügsamen Glauben ab, der für die Ideen anderer empfänglich ist; er hebt die Unabhängigkeit des Verstandes hervor, der seine eigenen Vorstellungen entwickelt.

Die Weiblichkeit von Merkur ☿ inspiriert dagegen zu Sanftmut, Ruhe, meditativer Sammlung, Verträumtheit, besonnener Schüchternheit, Bescheidenheit, Resignation und Gehorsam. Sie macht verständnisvoll, sensibel für das Subtile, fähig für Wahrsagerei, gläubig und klar, wenn die Vorstellungskraft so geformt wird, dass sie die Bilder in ihrem Spiegel nicht zu verzerrt.

Was das Salz 🜔 betrifft, so symbolisiert es wirklich die Weisheit, vorausgesetzt, es garantiert Ausgeglichenheit, richtiges Nachdenken und Stabilität. Es ist notwendig, seine Reinheit zu erlangen und zu erhalten, denn darauf beruht das Große Werk.

Das Quaternär der Elemente

Dem Salz 🜔 entspricht die gesamte Sphäre unserer Persönlichkeit, in der sich ein flüssiger Himmel abzeichnet, der einen kompakten Kern umgibt. Dies wird im Ideogramm von Salz 🜔 durch den unteren Halbkreis dargestellt, der auf den heterogenen Bereich anspielt, der der Wirkung der Elemente unterliegt.

Das sind keine Körper, keine passiven Subjekte, sondern im Gegenteil Agenten, deren ständige Aktivität das instabile Gleichgewicht der elementaren Materie aufrechterhält, dem Substrat der elementaren Dinge, die unseren Sinnen zugänglich sind.

Die Erde 🜃, die ständige Ursache von Anziehung, Konglomeration und relativer Festigkeit, entzieht sich unserer Wahrnehmung, ebenso wie die Luft

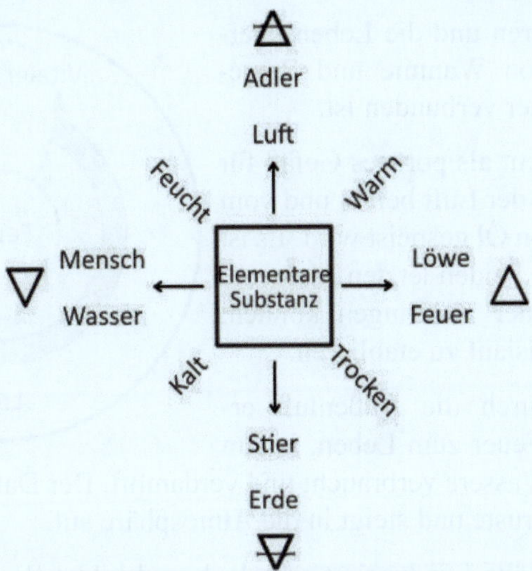

🜁, die sich verflüchtigt, und das Wasser 🜄, das Körper zusammenzieht, während das Feuer 🜂 sie ausdehnt.

Die Elemente werden durch ihre elementaren Eigenschaften unterschieden: trocken, feucht, kalt und warm.

Die Erde ist kalt und trocken und ihr Symbol ist der Ochse des heiligen Lukas oder der zodiakale Stier des Frühlings. Sie ist schwarz und gehört zu Saturn.

Aus der Luft, die warm und feucht ist, erhebt sich der Adler des heiligen Johannes, der auch der Vogel des Jupiters ist, der am Firmament unter den Herbstkonstellationen zu sehen ist. Diesem Element wird die Farbe Blau, die Farbe der Atmosphäre, zugeordnet.

Kalt und feucht fließt das Wasser aus der Urne des Wassermanns, dem Zeichen des Winters, dessen Platz im Christentum der Engel des heiligen Matthäus einnimmt. Dem Wasser entspricht die grüne Farbe, die die Farbe der Venus ist.

Das Feuer, in dem die Glut des Mars lodert, ist heiß und trocken. Es scheint aus der roten Mähne des Löwen des heiligen Markus hervorzugehen, der im Tierkreis die Mitte des Sommers anzeigt.

Die vier Elemente finden sich im physiologischen Menschen wieder, dessen physische Materie der Erde entspricht. Die Luft steht für den belebenden Atem, der das Leben erhält, während die Körperflüssigkeiten, das Wasser,

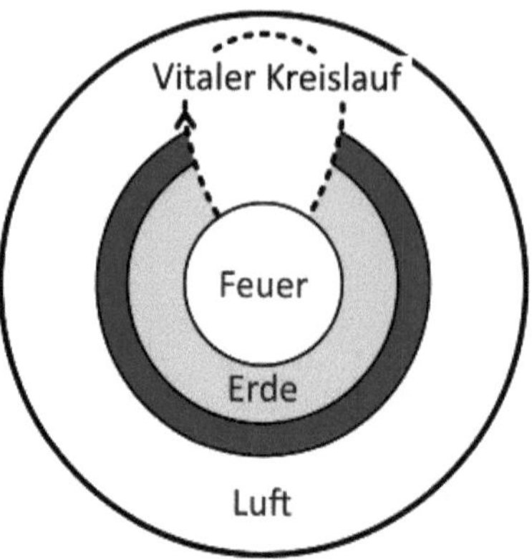

als Vehikel fungieren und die Lebensenergie, die Quelle von Wamme und Bewegung, mit dem Feuer verbunden ist.

Die Erde dient als poröses Gefäß für das Feuer, das von der Luft belebt und vom Wasser in Form von Öl gespeist wird. Es ist wichtig, dass diese beiden letzten Elemente zum zentralen Feuer vordringen können, um den Lebenskreislauf zu etablieren.

Angeregt durch die Außenluft erwacht das innere Feuer zum Leben, indem es einen Teil des Wassers verbraucht und verdampft. Der Dampf dringt durch die Poren der Erdkruste und steigt in die Atmosphäre auf.

Durch die Kälte kondensiert er jedoch und bildet Wolken, die sich in Regen auflösen, der wiederum auf den Boden fällt, der ihn aufnimmt, um dann wieder zum zentralen Punkt zu sickern, der durch ein Wasser, in dem die Luft gelöst ist, gespeist wird.

So funktioniert der Mechanismus des ununterbrochenen Kreislaufs, der das individuelle Leben aufrechterhält. Die Dauer wäre unbegrenzt, wenn es nicht schließlich zur Verschmutzung der Erdkruste und zur Erschöpfung der Flüssigkeitsreserve käme.

Es handelt sich also nicht um ein Lebenselixier, das es uns ermöglicht, unsere physiologische Existenz auf unbestimmte Zeit zu verlängern. Der Weise weiß dass er sterben muss und fürchtet den Tod nicht, dem er sich freiwillig zu unterwerfen lernt. Ohne dem materiellen Leben mehr Bedeutung beizumessen, als es angebracht ist, bemüht er sich dennoch, es zu erhalten. Um die vitale Flüssigkeit zu sparen, vermeidet er jeden übermäßigen oder überflüssigen Verbrauch, mit anderen Worten jeden Exzess. Indem er sein Feuer mit Bedacht kontrolliert, stellt er das normale Funktionieren seines Organismus sicher, der auf diese Weise nur langsam, aber tödlich verschleiß, weil die Regeneration unseres Gewebes begrenzt ist.

Es gibt jedoch eine Kunst des Alterns, um den Verfall zu verzögern und trotz der Jahre jung zu bleiben. Die Quelle der Jugend liegt im ätherischen Teil des Salzes ⊖, im Himmel unserer Persönlichkeit. Bleiben wir seelisch und geistig jung, lieben wir, machen wir uns nützlich, denken wir an die anderen, vergessen wir vernünftigeres uns selbst, versteinern wir nicht: Unsere moralische Hygiene wird uns ein langes Leben sichern.

Was der Magnetiseur als *Fluidum* bezeichnet, ist nichts anderes als vitales Wasser, das in Form von Dampf vorliegt. Wenn die Atmosphäre des Kranken sehr trocken ist, stellt die Feuchtigkeit des Therapeuten die normalen Bedingungen wieder her und der Patient erhält neue Vitalität.

Es ist auch möglich, direkt auf das Feuer anderer einzuwirken und ihm eine ungewöhnliche Glut zu verleihen. In diesem Fall können außergewönliche und manchmal sofortige Wirkungen auftreten.

Die Empfänglichkeit für Magnetismus hängt von der Durchlässigkeit der Körperhülle ab. Die *Subjekte* sind durchlässig, daher ihre überraschenden Reaktionen. Jeder Mensch kann daran arbeiten, sich für die richtigen Einflüsse zugänglich zu machen, ohne sich im Geringsten der Herrschaft anderer zu überlassen. In diesem Sinne werden sowohl die Anhänger der Hermetik als auch der Freimaurerei geschult.

Das Werk der Weisen

Der Stein der Weisen ist ein vollkommen gereinigtes Salz ⊖, das das flüchtige Quecksilber ☿ koaguliert, um es durch die Verbindung mit brennendem Schwefel 🜍, der äußerst aktiv ist, zu fixieren.

Das Werk besteht also aus drei Phasen:

Die Reinigung des Salzes,

Die Koagulation des Quecksilbers,

Die Fixierung des Schwefels.

Da das Salz in der philosophischen Materie enthalten ist, ist es das Wichtigste, diese zu beschaffen. Sie ist überall vorhanden und kostet nichts, obwohl sie von unschätzbarem Wert ist. Das Wichtigste ist, sie zu erkennen, denn Quecksilber kann nicht aus irgendeiner Substanz gewonnen werden, und nicht jeder Stein hat die Krönung, die die Baumeister von dem Stein verlangen, den sie verarbeiten wollen. Es gibt inakzeptable Mängel, die dazu führen, dass der Laie vor jeder Prüfung abgelehnt wird.

Nehmen wir an, die ersten Schwierigkeiten sind überwunden und der Künstler hat das Material gefunden, das seinen Entwürfen dient. Er beeilt sich, es zu reinigen, damit keine Fremdkörper an der Oberfläche haften können (Entfernung von Metallen). Sobald diese Vorsichtsmaßnahme getroffen wurde, wird das Objekt in das hermetisch verschlossene Philosophische Ei (Kabinett der Reflexion) eingeschlossen. Auf diese Weise von aller quecksilbrigen Erregung befreit, wird das eingeschlossene Lebensfeuer schwächer, schmachtet und erlischt schließlich (Tod des Gefäßes).

Im Sterben entfaltet sich das Subjekt: Das Ätherische in ihm wird freigesetzt und hinterlässt einen Rest, der nun *formlos und leer* ist, wie die Erde, bevor sie vom göttlichen Atem durchdrungen wurde (Genesis 1, 2). Es ist das philosophische Chaos, dessen schwarze Farbe die des Raben des Saturn ist, des Vogels, der die Finsternis am Rande des Abgrunds symbolisiert.

Des Lebens beraubt, in die Fäulnis eingetreten, kehrt das Subjekt in das Chaos zurück, in dem die Elemente verschmelzen. Alles wäre vorbei ohne den Keim, der in die verwesende Materie gesät wurde. Die umgebende Auflösung befreit diesen Sohn der Verwesung, der frei geboren wird, um sich zu entwickeln.

Die ihm innewohnende Hitze trocknet bald die nächstgelegene chaotische Substanz aus und macht aus ihr eine irdische Schale, durch die ein neuer Lebenskreislauf wiederhergestellt wird, der jedem Element seine Rolle zuweist. Abwechselnd nach außen gebracht und dann wieder aufgenommen, reinigt das Wasser die neue Erde, die vom Schwarz über Grau schließlich zum Weiß wechselt und dabei die Nuancen durchläuft, die den Schwanz des Pfaus kennzeichnen.

Das Weiß wird durch den Schwan symbolisiert, dessen Gestalt Jupiter annahm, um sich mit Leda zu vereinigen. Der Göttervater steht für den Geist, der die durch aufeinanderfolgende Waschungen gereinigte Materie befruchtet; es ist der Atem der Luft, der die Erde durchdringt, um das philosophische Kind zu zeugen.

Es ist das individuelle Feuer, ein inneres Agens, das sich mit seiner äußeren Wirkungsquelle verbindet. Vergöttlicht erhebt sich dieses Feuer und brennt mit einer großartigen Inbrunst, die sich in der roten Farbe der Alchemisten manifestiert. Es ist die Verwirklichung des einfachen Werks, das uns die Medizin der ersten Ordnung schenkt. Der reine philosophische Schwefel wird gewonnen, wodurch der Adept dem Phönix gleichgestellt wird.

Dem Sonnenlicht, das fix ist, geweiht, repräsentiert dieser Vogel mit seinem scharlachroten Gefieder die Fixität des lebenden Wesens in seinem ständigen Tod, der gleichzeitig Quelle für Wiedergeburten ist. Der Weise strebt nach einer spirituellen Fixität höherer Ordnung, indem er seinen eigenen Willen mit dem Willen, der alle Dinge regiert, in Einklang bringt. Wenn er dieses Ideal erreicht, koaguliert er das Quecksilber, indem er das himmlische Feuer mit dem seines höllischen Fokus der individuellen Handlung vermählt.

Indem er diese Höhe erreicht, hat der Adept den Drachen der elementaren Anziehungskräfte besiegt. Er besitzt die wahre Freiheit, denn der Geist beherrscht die Materie in ihm. Da er vollständig Mensch geworden ist, hat er das Animalische überwunden. Gereinigt durch Erde, Luft, Wasser und Feuer wurde er der Verwesung unterworfen, aus der er durch die Sublimation, die zur Reinigung und Vergeistigung führt, wieder hervorging. Die Freimaurer zeigen ihm dann seinen Flammenden Stern, dessen hermetisches Emblem die fünfblätrige Rose ist, die unter dem Einfluss des Universellen Geistes aus dem Quecksilberstein hervorgeht, wenn wir uns auf die Figur des Nicolas Flamel beziehen.

Die Lehre der Sonne

Wenn die individuelle Salzkruste nach der Reinigung durchsichtig geworden ist, kann das umgebende Licht von innen heraus wahrgenommen werden. Der rote Mann (Schwefel 🜍) verliebt sich dann in die weiß Frau (Quecksilber ☿). Die Hochzeit des Königs 🜍 und der Königin ☿ ist jedoch noch nicht vollzogen. Sie wird durch die Anziehungskraft des Quecksilbers vollzogen, das mit dem sublimierten Schwefel sympathisiert und sich von ihm einfangen und koagulieren lässt.

Da der Schwefel-König das ist, was in uns das Sagen hat, kann es sich hier nur um unseren Willen handeln, der von allem Kleinlichen befreit ist und sich als wahrer König seines individuellen Bereichs behauptet. Diese Königswürde ist nicht die der gewöhnlichen Welt, sondern wird geistig von dem wahren Anhänger dieser königlichen Kunst erworben, der der Königin würdig wird, der himmlischen Jungfrau, die von den Anhängern Unserer Lieben Frau angerufen wird.

Die Künstler, die das reinste Ideal lieben, sind keine durch Bigotterie überhebliche Mystiker. Sie haben es verstanden, ihr gieriges Ich zu opfern, indem sie auf alle persönlichen Wünsche verzichteten. Gleichgültig gegenüber allem, was der irdische Sklave anstrebt, haben sie sich von der Tyrannei der selbstsüchtigen Instinkte befreit. Als Sieger über den radikalen Egoismus entgehen sie dem erblichen Einfluss der Erbsünde. Nachdem sie die Energie aufgebracht hatten, freiwillig dem niederen allgemeinen Leben zu sterben, wurden sie zu einem höheren Leben der Freiheit geboren, das ihnen tatsächlich den Charakter von Herrschern verleiht. Da sie nicht länger Sklaven von irgendwas sind, tendieren sie dazu, sich zu Herren über Alles zu machen.

Obwohl er ihnen gehört, ist ihr Wille nur von den höchsten Absichten inspiriert, die Gott zuzuschreiben sind.

Dies ist die Hochzeit des inkarnierten Geistes, des irdischen Arbeiters, mit der göttlichen Prinzessin. Sie vollzieht sich in uns, wenn unser Wille geheiligt wird, wenn wir als Söhne des Vaters die väterliche Sache annehmen, indem wir uns dem Großen Werk der Schöpfung widmen. Denn das wahre Große Werk ist das ewig andauernde, das erlösende Werk, aus dem Evolution, Fortschritt, Koordination des Chaos und der Aufbau einer besseren Menschheit hervorgehen.

Sein unmittelbares Ziel ist die Herstellung von Philosophischem Gold, dem Symbol für individuell erreichbare Vollkommenheit. Jeder von uns kann in sich selbst die Verwandlung des Bösen in Gutes bewirken, wenn er nach der Erleuchtung seines Gewissens nach dem handelt, was es ihm befiehlt.

Was wird von uns verlangt? Dass wir uns bemühen, uns inmitten der Verwirrung, die durch die leidenschaftliche Aufgeregtheit der Individuen geschürt wird, zu erkennen. Suchen wir Ruhe und sammeln wir uns. Wenn sich uns ein Zufluchtsort bietet, sollten wir ihn nutzen. Dort wenden wir uns von dem Gedränge ab und gehen in uns selbst; dann unterziehen wir uns den Prüfungen der Initiation und arbeiten daran, vollständig erleuchtet zu werden.

Wir werden erkennen, dass wir eine bestimmte Aufgabe haben, die uns von Ereignissen und Umständen auferlegt wird. Wir sollten sie erkennen und sie religiös erfüllen. So werden wir gut arbeiten, und wie klein unsere Leistung auch erscheinen mag, sie wird dennoch ein Teil des Großen Werkes sein. Wenn wir gute und wirklich vorbildliche Menschen in unserer bescheidenen Sphäre geworden sind, werden wir dort Gold produziert haben und unsere Umgebung wird von den Tugenden unseres Steins der Weisen profitieren.

Dieser ist gleichzeitig menschlich und göttlich. Er ist menschlich in seiner Substanz, in seinem gereinigten Salz 🜔, aber göttlich durch den quecksilbrigen Geist ☿, der ihn durchdringt, indem er den individuellen Schwefel 🜍 erhöht. In ihm befindet sich die Verwirklichung des Siegels Salomons: das himmlische Wasser ▽ vermählt sich dort mit dem umgewandelten höllischen Feuer △, das in den Dienst des reinen Großen Werkes gestellt wird. Vermählung geht nicht ohne Liebe; die innere Schwefelglut muss verliebt sein, damit der himmlische Merkur bereit ist, sich mit ihr zu vereinen. Aber ein egoistisches Verlangen wäre nicht wirkungsvoll: Die Liebe muss vollständig und absolut sein und zur vorbehaltlosen Selbsthingabe führen.

Die Persönlichkeit, die die Erleuchtung des Flammenden Sterns erlangt hat, erstrahlt in hellem Glanz und verfügt über das Pentagramm, das Emblem der Macht, die aus der Entwicklung des Willens des Adepten resultiert. Aber der schillerndste Magier ist nur ein armer Wundertäter neben dem Heiligen, der sich selbst vergisst und nur im Einklang mit dem Göttlichen handelt. Das Werk des ersten ist sein eigenes, und so bewundernswert es auch sein mag, es bleibt doch individuell; der zweite mag scheinbar nichts hervorbringen, obwohl er sich der Vollendung des universellen Großen Werkes widmet. Die stärkste aller Kräfte entsteht aus dem Gefühl, mit dem das Individuum sich selbst aufgibt, um die gesamte Energie in sich zu reflektieren, eine Fusion der Kräfte von oben und von unten.

Für die Rosenkreuzer lehrt der Pelikan, der seine Jungen mit seinem eigenen Blut füttert, die Liebe, ohne die der gelehrteste und mächtigste Mensch laut Paulus nur ein tötendes Erz oder eine klingende Schelle sein kann. Es ist seit jeher bekannt, dass der vollkommenste Weise derjenige ist, der am besten zu lieben weiß.

Das Septenär

Schwefel 🜍, Quecksilber ☿ und Salz ⊖ entsprechen in der menschlichen Persönlichkeit dem, was als Geist, Seele und Körper bezeichnet wird. Als reine Aktivität wirkt der Schwefel-Geist auf die Passivität des Salz-Körpers nur durch die Vermittlung der Quecksilber-Seele, die in Bezug auf den Geist passiv, in Bezug auf den Körper aber aktiv ist.

Damit ein Gleichgewicht und damit Gesundheit und normales Funktionieren gegeben ist, müssen die drei Prinzipien in einem Individuum harmonieren. Wenn wir jedes davon durch einen Kreis darstellen, erhalten wir durch die gegenseitige Durchdringung dieser drei Kreise bis zu ihren Zentren das Schema der siebenfachen Konstitution des Menschen.

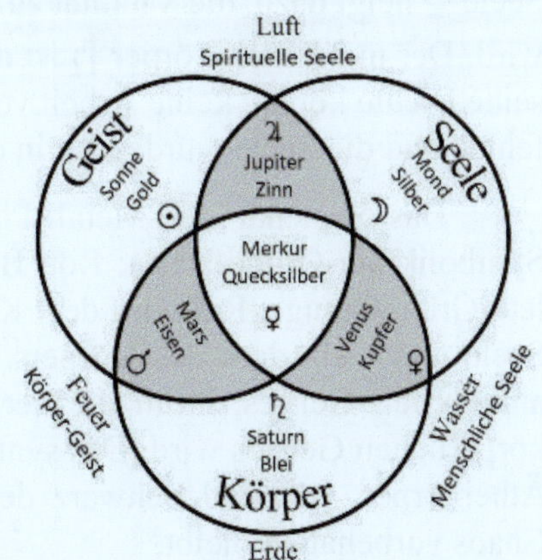

Die Interferenzen der drei Kreise erzeugen eine Kombination aus Geist und Seele, die als animischer Geist oder spirituelle Seele bezeichnet werden kann. Indem er den Körper durchdringt, entwickelt der Geist dann den Körper-Geist, dem die in den Körper einströmende Seele die Körper-Seele als Schwester gibt. In der Mitte bleibt ein Raum, in dem Geist, Seele und Körper verschmelzen, um den Äther- oder Astralkörper zu bilden, das *Linga Sharira* der Theosophie. Es ist der Knotenpunkt der Persönlichkeit, auf den alles einwirkt. Dieser zentrale fluidische Kern fungiert als Vermittler und wird mit dem Gott Merkur der Mythologie gleichgesetzt. Die anderen Planetenmetalle verteilen sich wie folgt:

☉ Reiner Geist – Unvergängliches Gold, Sonne, Apollo, Atma;

☾ Ätherische Seele – Silber, Mond, Diana, Manas;

♃ Animischer Geist oder Geistseele – Zinn, das leichteste aller Metalle, Jupiter vereint mit Juno, Buddhi;

♂ Körper-Geist – Eisen, Mars, Kama Rupa;

♀ Menschliche Seele – Kupfer, Venus, Prâna oder Jiva;

♄ Körper – Blei, Saturn, Rupa.

Die spirituelle Sonne ☉ stellt das götliche Licht dar, das unfehlbar unsere Persölichkeit erleuchtet, insbesondere unseren animischen Geist, auf den sich unser jupiterhaftes Bewusstsein ♃ bezieht. Was in uns regiert, kommt vom Geist und von der Seele, die Gefühle und Idealbilder bildet, dank derer wir denken und uns erinnern. Aus dem Körper-Geist ♂ entstehen die vehementen, manchmal wilden Impulse, die die Motorik anregen. Die menschliche Seele ♀ neigt dazu, die Vitalität zu schonen, die von der Sensibilität geschützt wird. Der materielle Körper ♄ ist das Fundament des Lebensgebäudes. Ohne seine Dichte könnte keine Arbeit verrichtet werden, dem Geist würde der Halt fehlen und die Seele würde sich in der Grenzenlosigkeit verlieren.

Das Septenär der Metall-Planeten steht im Zusammenhang mit der Symbolik der Grundfarben: Rot, Blau, Gelb und ihren Abkömmlingen: Violett, Grün, Orange. Rot wird dem Kreis des Geistes zugeordnet, Blau dem der Seele und Gelb dem des Körpers. Daraus folgt, dass Violett die Farbe des animischen Geistes, Grün die der körperlichen Seele und Orange die des körperlichen Geistes wird. Das synthetische Weiß gehört dem quecksilbernen Ätherkörper, während Schwarz dem umgebenden, nicht licht organisierten Chaos vorbehalten bleibt.

Die Tradition lehrt, sieben Planetentypen zu unterscheiden, je nach dem Einfluss, der in jeder Persönlichkeit vorherrscht. Es ist möglich, sieben analoge Typen grafisch zu bestimmen, indem man einen der drei Kreise, die Geist, Seele und Körper darstellen, verschiebt.

Der Verwirklicher

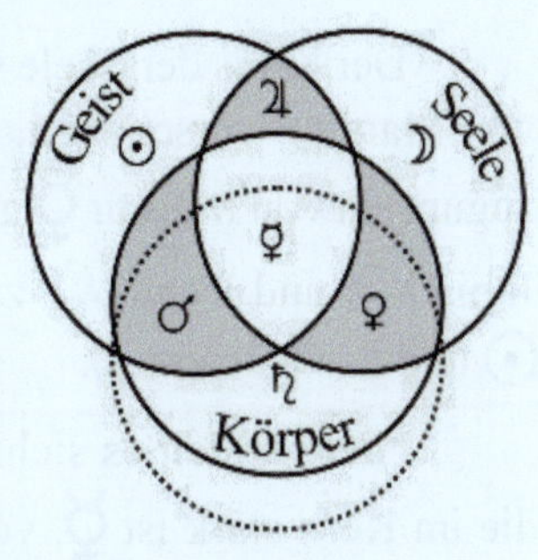

So werden Merkur ☿, Venus ♀ und Mars ♂ auf Kosten von Jupiter ♃, Saturn ♄, Sonne ☉ und Mond ☾ begünstigt, indem der Körperkreis so erhöht wird, dass er in die reguläre Fläche der beiden anderen eindringt. Wir haben es hier also mit einer sehr ausgeprägten Individualität zu tun, die dank des Astralkörpers ☿ über eine reiche Vitalität verfügt ♀, die von einer ungeduldigen, handelnden Impulsivität ♂ genutzt wird.

Ein solches ungestümes und rastloses Wesen zeichnet sich dadurch aus, dass es unermüdlich handelt, um anspruchsvolle Leidenschaften zu befriedigen, und dabei eine hohe praktische Intelligenz an den Tag legt.

Die Schwäche des animischen Geistes ♃ führt zu einer Schwächung der Skrupel und des Gewissens; die Abnahme der Materialität ♄ führt zu einem Mangel an Positivismus und körperlicher Stärke: Der Organismus wird schnell abgenutzt. Es wird mehr kriegerische Energie ♂ als solare Idealität ☉ und mehr grobe Sinnlichkeit als reines Gefühl ☾ geben.

Der Träumer

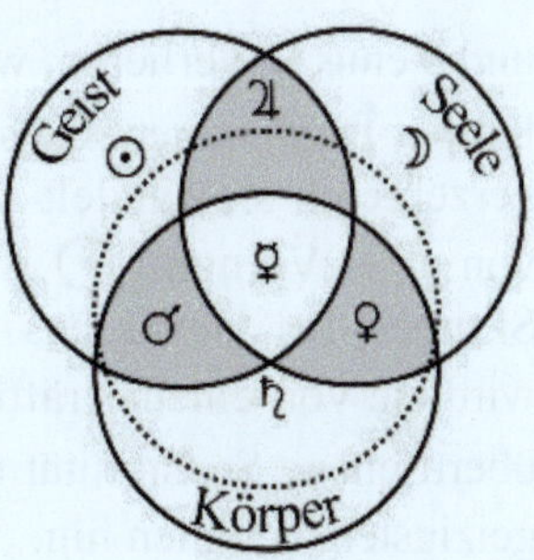

Diesem Typus des allzu lebhaften Ruhelosen steht der Phlegmatiker gegenüber, dessen Körperkreis sich zurückzieht. Das führt dazu, dass Merkur ☿, Mars ♂ und Venus ♀ kaum noch etwas zu sagen haben, so dass die Persönlichkeit ☿ verblasst, die Instinkte ♂ gezähmt werden und die Vitalität ♀ nachlässt. Der groß Organismus ♄ hingegen funktioniert friedlich, ohne das geringste

Fieber; er wird träge, aber er gehorcht dem Bewusstsein ♃, dessen Bereich sich auf Kosten der synthetischen Persönlichkeit ☿ ausgedehnt hat. Eine schöne Idealität ☉ und eine gute, sentimentale und verträumte Seele ☾ haften an diesem schweren, relativ trägen Körper.

Der Friedvolle

Der Kreis der Seele wird nun in die Richtung von Mars ♂ verschoben, dessen Bereich dadurch zugunsten von Merkur ☿ geopfert, mit Gewinn von Jupiter ♃ und Venus ♀, zum Nachteil des Geistes ☉ und des Körpers ♄.

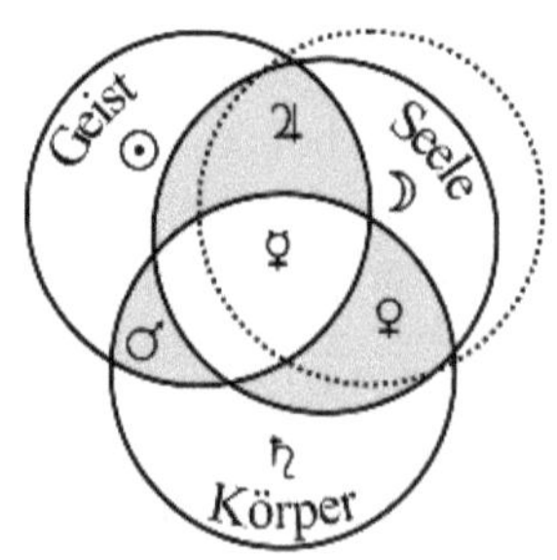

Hier handelt es sich um eine Persönlichkeit, die im Kern stark ist ☿, von einem rational aufgeklärten Gewissen beherrscht wird ☉ und eine großzügige Vitalität mit altruistischem Fluidum besitzt, aber schüchtern, ängstlich ist und sich nicht zu handeln traut, weil ihr die Initiative und die Mars-Energie fehlen ♂.

Da sie keinen Zweck findet, verblasst die Sentimentalität zu mitleidsvollem, aber praktisch unfruchtbarem Mitgefühl. Der Geist ☉ verliert an Klarheit, während der Organismus überempfindlich wird und gegen Müdigkeit kämpft.

Der Eroberer

Die umgekehrte Operation lässt Mars ♂ in den Bereich von Merkur ☿ eindringen; Jupiter ♃ und Venus ♀ verlieren, was Seele ☾, Geist ☉ und Körper ♄ gewinnen. Diesmal wird die Aktivität ♂ verzehrend; sie handelt nicht blind, denn sie wird von einer Vernunft ☉ erleuchtet, die von keinem Skrupel des Gewissens getrübt wird; außerdem wird sie von einem kräftigen Organismus ♄ ohne übertriebene Sensibilität unterstützt; die Seele ☾ hingegen gibt sich den ehrgeizigsten Träumen hin.

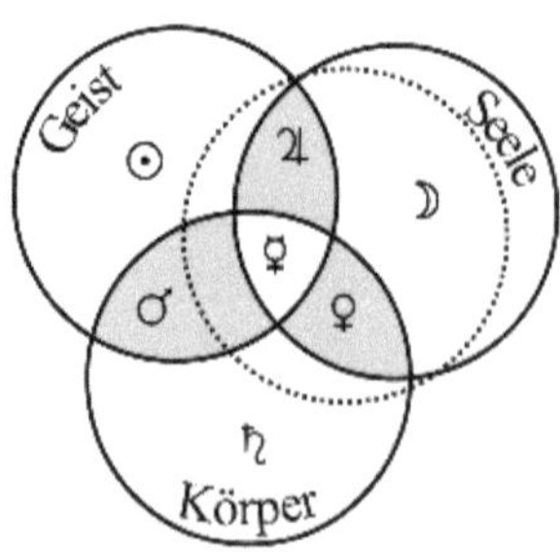

Der Egoist

Der Kreis des Geistes ☉, der Venus ♀ verdrängt, stärkt den Kern der Persönlichkeit ☿ sowie die Domäne von Jupiter ♃ und Mars ♂; aber Geist ☉, Seele ☾ und Körper ♄ erfahren eine Verringerung des Einflusses, der ihnen eigentlich zusteht.

Hier füllt sich unser Charakter wie jemand besonderes; er ist intelligent, sehr klug und voller Tatendrang. Er arbeitet fieberhaft daran, seinen jupiterhaften Ehrgeiz zu befriedigen; aber es mangelt ihm an Sensibilität, so dass er seinen sparsam vitalisierten Körper ♄ verschleißt.

Es mangelt ihm auch an klarem Urteilsvermögen ☉ und seine Träume ☾ werden durch seine ehrgeizigen Ambitionen getrübt.

Der Altruist

Die Befreiung des Geistes ☉ sorgt für die Vorherrschaft von Venus ♀, die über Merkur ☿ siegt, während Jupiter ♃ und Mars ♂ der Seele ☾ und dem Körper ♄ den Vortritt lassen. Zärtlichkeit, Wohlwollen, Zuneigung ♀ lassen das zentrale Ich ☿ vergessen, der Ehrgeiz ♃ wird sentimental und die Handlungsimpulse ♂ mäßigen sich zum Vorteil des Organismus ♄. Die Träume ☾ sind selbstlos und das Licht eines hohen Idealismus umgibt die Persönlichkeit, die durch ihre Großzügigkeit erhellend geworden ist.

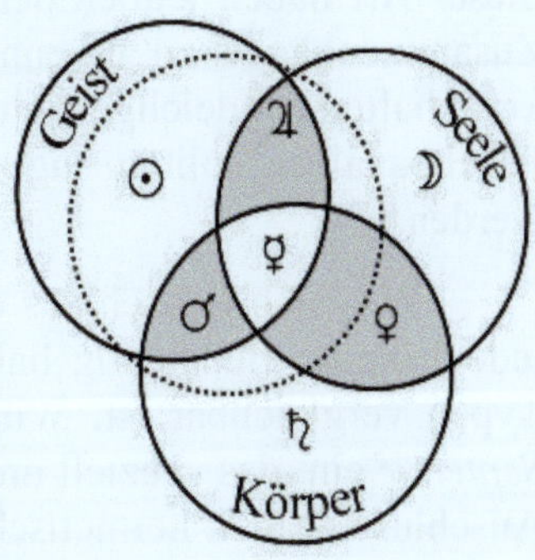

Das absolut normale Individuum

Dies sind nur sechs Typen, aber sie gruppieren sich um den siebten, der dem ideal ausgeglichenen Menschen entspricht, dem Modellmenschen, dem adamischen Menschen, der die perfekte Verbindung von Geist ☉, Seele ☾

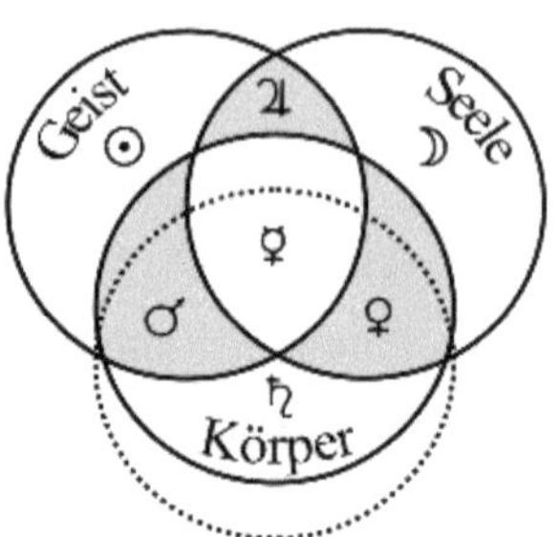

und Körper ♄ oder von Schwefel 🜍 aus Quecksilber ☿ und Salz 🜔 verwirklicht.

Menschliche Individuen können sich diesem Typus annähern, dessen Verallgemeinerung von Nachteil wäre, denn es ist gut, dass wir entsprechend unserer Aufgabe differenziert und spezialisiert sind.

Wir sollten jedoch nicht zu weit von der menschlichen Norm abweichen, denn ein Übermaß an Differenzierung würde uns unmenschlich machen.

Um bei der richtigen Note zu bleiben, sollten wir jede verzerrende Übertreibung vermeiden und unseren Charakter korrigieren, indem wir uns an denjenigen unserer Mitmenschen orientieren, die sich durch ihre Weisheit, d. h. ihre glückliche Ausgewogenheit, auszeichnen.

Wir sollten den grafischen Darstellungen, die wir gerade skizziert haben, keine übertriebene Bedeutung beimessen. Sie können zu anderen Interpretationen führen, da nichts in diesem Bereich absolut sein kann. Konstrukte dieser Art haben jedoch den Vorteil, dass sie dem Geist helfen, bestimmte Zusammenhänge zu erkennen, und es dem Arzt manchmal ermöglichen, krankhaften Ungleichgewichten auf den Grund zu gehen. In unseren Zeiten der Psychoanalyse sollten suggestive Schemata vielleicht nicht vernachlässigt werden.

Was sich logisch aus einer konventionellen Grafik ableiten lässt, kann jedoch keine Bedeutung haben, die mit der der klassischen planetarischen Typen vergleichbar ist. Wir gehen hier nicht auf die Untersuchung dieses *Septenär* ein, das speziell unter die astrologische Symbolik fällt, dem wir im Anschluss an den hermetischen Symbolismus ein besonderes Werk widmen werden.

Ein hermetisch-freimaurerischer Katechismus

Die Quellen des Barons von Tschoudy

In seinem Dogma und Ritual der Hohen Magie, einem mittlerweile klassischen Werk des Okkultismus, drückt sich Eliphas Lévi wie folgt aus:

„Zu den seltenen und kostbaren Büchern, die die Mysterien des Großen Arkanums enthalten, muss man an erster Stelle den Chemischen Pfad oder das Handbuch des Paracelsus zählen, das alle Mysterien der demonstrativen Physik und der geheimsten Kabbala enthält. Diese wertvolle und originale Handschrift ist nur in der Bibliothek des Vatikans zu finden.

Sendivogius fertigte eine Abschrift an, die der Baron de Tschoudy für den hermetischen Katechismus in seinem Werk „Der flammende Stern" verwendete. Dieser Katechismus, den wir den kabbalistischen Weisen als Ersatz für die unvergleichliche Abhandlung von Paracelsus empfehlen, enthält alle wahren Prinzipien des Großen Werkes in einer so befriedigenden und klaren Weise.

Es bedarf eines absoluten Mangels an besonderem okkultem Verständnis, um bei seiner Betrachtung nicht zur absoluten Wahrheit zu gelangen.

Diese Wertschätzung des Vaters des zeitgenössischen Okkultismus verpflichtet uns, hier einen Text wiederzugeben, den er so hoch schätzt.

Wir können jedoch nicht umhin, einige Vorbehalte bezüglich der außergewöhnlichen Quelle zu äußern, aus der der Autor des Flammenden Sterns sein hermetisches Wissen bezogen haben soll.

Das vatikanische Manuskript, von dem Sendivogius das Glück hatte, eine Kopie anzufertigen, die dazu diente, einen der Weisen des Ordens der unbekannten Philosophen zu erleuchten, war für den Baron von Tschoudy keineswegs unentbehrlich, da die Antworten seines Katechismus mit sehr wenigen Ausnahmen wörtlich aus zwei gedruckten Werken entnommen sind, die zu seiner Zeit weit verbreitet waren.

Das erste, das im Dezember 1681 zur Veröffentlichung freigegeben wurde und zahlreiche Auflagen hatte, enthält: „Die Werke von Kosmopolit, aufgeteilt in drei Abhandlungen, in denen die drei Prinzipien der natürlichen

Philosophie, Salz, Schwefel und Merkur, klar erklärt werden.“ Dieser Band trägt den Untertitel „Kosmopolite ou Nouvelle Lumière chymique“ unter dem er oft zitiert wird.

Er beginnt mit einer Abhandlung über die Natur im Allgemeinen, aus der wir nur einige Passagen wiedergeben müssen, um zu zeigen, wie der „Katechismus oder Unterricht für den Adeptengrad oder den Lehrling der erhabenen und unbekannten Philosophen“ entstand.

Auf den Seiten 5 ff. der Ausgabe von 1723 lesen wir: Ich sage daher, dass die Natur eins ist, wahr, einfach, in ihrem Wesen ganzheitlich, und dass Gott sie vor allen Zeitaltern gemacht hat und in ihr einen bestimmten universellen Geist eingeschlossen hat.

Man muss jedoch wissen, dass das Ende der Natur Gott ist, so wie er auch ihr Ursprung ist[1)]; denn alles endet immer in dem, woraus es sein Wesen und seinen Anfang genommen hat...

Alle Dinge stammen aus dieser einen und einzigen Natur, und es gibt in der ganzen Welt nichts außer der Natur[2)]...

Diese Natur ist hauptsächlich in vier Regionen oder Orten[3)] unterteilt, wo sie alles tut, was sichtbar ist, und alles, was verborgen ist: denn zweifellos sind alle Dinge eher im Schatten und verborgen, als dass sie wirklich erscheinen.

Sie verwandelt sich in das Männliche und das Weibliche[4)]; sie wird mit Quecksilber verglichen[5)], weil sie sich mit verschiedenen Orten verbindet; und abhängig von den Orten auf der Erde, ob gut oder schlecht, erzeugt sie jede Sache: obwohl es in Wahrheit keine schlechten Orte auf der Erde gibt, wie es uns scheint. „Es ist also zu beachten, dass die Natur nicht sichtbar ist, obwohl

---

1) Siehe die zweite Frage im Katechismus:
F.– Was ist das Ende der Natur?
A.– Gott, da er ihr Prinzip ist.

2) F. – Woher kommen alle Dinge?
A. – Aus der einen und einzigen Natur.

3) F.– In wie viele Regionen ist die Natur unterteilt?
A.– In vier Hauptgebiete.

4) F.– In was verwandelt sich die Natur?
A.– In männlich und weiblich.

5) F.– Womit wird es verglichen?
A.– Mit Quecksilber.

sie sichtbar wirkt; denn sie ist nur ein flüchtiger Geist, der in den Körpern seinen Dienst tut und seinen Sitz und Ort im göttlichen Willen hat[1])...

Die Erforscher der Natur müssen so sein, wie die Natur selbst ist, d. h. wahr, einfach, geduldig, beständig[2]), etc.

Aber was die Hauptsache ist, sie sind fromm, gottesfürchtig und schaden ihren Mitmenschen in keiner Weise.

Dann sollen sie genau prüfen, ob das, was sie sich vorgenommen haben, der Natur entspricht, ob es möglich und machbar ist; und das sollen sie durch klare und sichtbare Beispiele lernen: nämlich womit alles gemacht wird, wie und mit welchem Gefäß.

Denn wenn du einfach etwas machen möchtest, so wie es die Natur tut, folge ihr; aber wenn du etwas Besseres machen möchtest, als es die Natur tut, schau nach dem, womit und durch was sie sich verbessert, und du wirst feststellen, dass es immer mit etwas Ähnlichem geschieht.

Wenn du beispielsweise die intrinsische Kraft eines Metalls weiter ausdehnen möchtest als die Natur es tut (was unser Ziel ist), musst du die metallische Natur nehmen, und zwar die männliche und das weibliche, sonst wirst du nichts erreichen.“[3])

Bis zur 61. Frage seines Katechismus orientierte sich Baron de Tschoudy an der Publikation „Nouvelle Lumiėe Chymque“ aus der er lediglich die

---

1) F.– Was für eine Vorstellung haben Sie von der Natur?

A.– Sie ist nicht sichtbar, obwohl sie sichtbar wirkt, denn sie ist nur ein flüchtiger Geist, der in den Körpern wirkt und durch den universellen Geist belebt wird, den wir in der gewöhnlichen Freimaurerei unter dem ehrwürdigen Emblem des flammenden Sterns kennen.

2) F.– Welche Eigenschaften müssen die Erforscher der Natur haben?

A.– Sie müssen wie die Natur selbst sein, d. h. wahrhaftig, einfach, geduldig und beständig; das sind die wesentlichen Eigenschaften, die gute Freimaurer auszeichnen und wenn wir diese Gefühle bereits bei den ersten Einweihungen in den Kandidaten wecken, bereiten wir sie im Voraus auf den Erwerb der Eigenschaften vor, die für den philosophischen Unterricht erforderlich sind.

3) F.– Wie viel Aufmerksamkeit sollten sie dann bekommen?

A.– Die Philosophen müssen genau überlegen, ob das, was sie vorhaben, der Natur entspricht, ob es möglich und machbar ist; denn wenn sie etwas so machen wollen, wie die Natur es macht, müssen sie ihr in allen Punkten folgen.

F.– Was wäre der richtige Weg, um etwas Höheres zu vollbringen, als die Natur es getan hat?

A.– Man muss schauen, worin und wodurch sie sich verbessert, und man wird feststellen, dass dies immer mit dem Gleichen geschieht: Wenn man zum Beispiel die innere Tugend eines Metalls über die Natur hinaus erweitern will, dann muss man die metallische Natur selbst erfassen und verstehen, wie man das Männliche und das Weibliche in dieser Natur unterscheiden kann.

wichtigsten Punkte der Lehre herausnahm und sie geschickt in Form von Fragen und Antworten darstellte.

Er wandte das gleiche geniale Verfahren auf ein Werk an, das zum ersten Mal im November 1686 in Paris bei Laurent d'Houry gedruckt wurde. Diese zweite Quelle trägt den Titel: La Lumiere Sortant par soi-mêe des Tenebres, ou véitable thérie de La Prerre des Philosophes, érire en Vers Italiens, avec un Commentaire; das Ganze ins Französische übersetzt von B. D. L.

Alles, was unser Autor in den Katechismus aufgenommen hat, stammt aus den beiden genannten Publikationen. Nur die Begriffe, die sich speziell auf die freimaurerische Symbolik beziehen, haben einen bisher unbekannten Charakter.

Der Baron von Tschoudy hat nichtsdestotrotz sehr groß Verdienste erworben. Sein Katechismus ist hervorragend konzipiert und rechtfertigt die Begeisterung von Eliphas Lévi, die Stanislas de Guaita ohne Zögern teilt. Die gesamte hermetische Wissenschaft ist hier in der Tat in Formeln von suggestivem Lakonismus verdichtet. Was andere verwässert und manchmal in einem Wust von überflüssigen Kommentaren ertränkt hatten, wurde mit Bedacht hervorgehoben, um den Geist zu berühren. Es ist viel wichtiger in diesen Angelegenheiten, andere zum Denken zu bringen, sie zum Nachdenken zu zwingen, dazu zu bringen, zu graben und mental zu entdecken, was Worte nicht enthüllen können, als selbst ausführlich zu sprechen oder zu schreiben. Die wertvollsten Texte in der Hermetik sind immer von geheimnisvoller Kurze. Ihre scheinbare Knappheit sollte nicht abschrecken, denn es sind Felder, die einen verborgenen Schatz bergen. Man kann mit dem Bauer in La Fontaines Gedicht sagen: „Arbeitet, bemüht euch, es ist der Boden, der am wenigsten fehlt!".

Um die individuelle Suche zu erleichtern, haben wir dem Originaltext kurze Anmerkungen in kleinerer Schrift folgen lassen. Diese Anmerkungen sind selbst verfasst, wenn sie nicht aus den Werken stammen, die Baron de Tschoudy als Inspiration dienten. Wir haben außerdem am Ende der Seiten sorgfältig die wertvollen Anmerkungen wiedergegeben, die von Hand von Stanislas de Guaita an den Rädern eines Exemplars des „Flammenden Stern", das sich in unserem Besitz befindet, angebracht wurden. Anscheinend wurde dieses Exemplar herausgegeben:

Der Flammende Stern oder die Gesellschaft der Freimaurer aus allen Blickwinkeln betrachtet

Katechismus oder Unterricht für den Adeptengrad oder den Lehrling der erhabenen und unbekannten Philosophen

1) Welches ist das erste Studium eines Philosophen?

A: Die Erforschung der Wirkungen der Natur.

2) Was ist das Ende der Natur?

A: Gott, so wie er der Anfang derselben ist.

Gott erscheint hier als das Zentrum, aus dem alle Dinge durch Ausdehnung hervorgegangen sind und zu dem alle Dinge durch Zusammenziehung zurückkehren werden.

3) Woher kommen alle Dinge?

A: Aus der bloßen und einzigen Natur.

Hier handelt es sich um die schöpferische Natur, das heißt um den lebensspendenden Agenten, der die geschaffene Natur hervorbringt.

4) In wie viel Regionen ist die Natur geteilt?

A: In vier Hauptregionen.

5) Welche sind sie?

A: Das Trockne, das Feuchte, das Warme, das Kalte, welches die vier Elementareigenschaften sind, von welchen alle Dinge hervorgehen.

Quaternäre Bi-Polarisierung des natürlichen Agens.

6) Worin verändert sich die Natur?

A: In männlich und weiblich.

Einfache positive und negative Polarisation.

7) Womit ist sie zu vergleichen?

A: Mit dem Mercurius.

Subtiler Wirkstoff, der in das Zentrum aller Dinge eindringt, um von dort in Form von Lebensenergie auszustrahlen.

8) Welchen Begriff werdet ihr mir von der Natur geben?

A: Sie ist nicht sichtbar, obschon sie sichtbar wirkt, denn nur ein flüchtiger Geist ist es, der ihr Amt in den Körpern verwaltet, und der durch den allgemeinen Geist belebt wird, welchen wir in der gemeinen Maurerei unter dem ehrwürdigen Sinnbild des flammenden Sterns kennen.

Die Natur ist die Gemahlin Gottes, der sie befruchtet, damit sie die Schöpfung hervorbringt.

9) Was stellt derselbe eigentlich vor?

A: Den göttlichen Hauch, das innere und allgemeine Feuer, welches alles, was da ist, belebt.

10) Welche Eigenschaften sollen die Forscher der Natur haben?

A: Sie sollen so sein, wie die Natur selbst ist. Das heißt: Wahr, einfach, geduldig und beständig; dies sind die wesentlichen Merkmale, welche den guten Freimaurer unterscheiden, und wenn man diese Gesinnungen schon den Kandidaten in den ersten Einweihungen einflößt, bereitet man sie zum voraus zur Erwerbung der für die philosophische Klasse notwendigen Eigenschaften vor.

Die Natur verlangt von ihren Anhängern, dass sie sich ihr aufrichtig hingeben, wahrhaftig sind und nicht ihre Gunst suchen, um andere zu täuschen; sie will, dass sie unvoreingenommen, einfach und zugänglich für ihre Anregungen sind; sie würde diejenigen verlassen, die es zu eilig haben, ein Ergebnis zu erzielen, denn ihre Wirkung ist progressiv und man muss sie mit Geduld abwarten können; schließlich bindet sich die Natur nur an den, der ihr seine Beständigkeit bewiesen hat.

11) Worauf sollen sie hernach achthaben?

A: Die Philosophen sollen genau darauf sehen, ob das, was sie sich vorsetzen, der Natur gemäß, ob es möglich und tunlich ist; denn wenn sie etwas machen wollen, wie es die Natur macht, so müssen sie derselben in allen Stücken folgen.

Der Adept darf nur mit Bedacht handeln und niemals seinen Willen einsetzen, ohne dass die Verwirklichung vernünftigerweise gesichert ist. Man sollte sich davor hüten, blind oder willkürlich zu wollen, was auf das Gleiche hinausläuft. Der Wille hat nur dann seine volle Kraft, wenn er intelligent und gefügig ist.

12) Welchen Weg müsste man einschlagen, um etwas zu bewirken, was vortrefflicher wäre, als die Natur es gemacht hat?

A: Man muss beobachten, worin und wodurch sie sich verbessert, und man wird finden, dass es immer mit ihresgleichen ist: zum Beispiel, wenn man die innere Tugend eines Metalls weiter treiben will als die Natur, so muss man die metallische Natur selbst fassen, und das Männliche vom Weiblichen in genannter Natur zu unterscheiden wissen.

Um sich zu übertreffen, muss man die speziellen Neigungen in sich erkennen und sie durch eine entsprechende Ausbildung der entsprechenden Tätigkeit sowie der entsprechenden Sensibilität entwickeln. Das Genie basiert auf der Entfaltung einer ständig aufrechterhaltenen aktiven Energie durch eine angemessene Passivität.

13) Wo enthält sie ihre Samen?

A: In den vier Elementen.

Diese greifen in die Erzeugung der Mischungen ein, die sie in der Potenz oder im Keim enthalten.

14) Wodurch kann der Philosoph etwas hervorbringen?

A: Durch den Keim der genannten Sache, der das Elixier oder die Quintessenz; derselben und für den Künstler viel besser und nützlicher als die Natur selbst ist; also, sobald der Philosoph diesen Samen oder diesen Keim wird erhalten haben, so wird die Natur bereit sein, ihre Schuldigkeit zu tun, um ihm zu helfen.

Der Philosoph wirkt nicht auf das Äußere der Dinge ein, sondern durchdringt sie geistig und regt ihre autonome Wirkung an, die von innen nach außen verläuft.

15) Was ist der Keim oder der Same jedweder Sache?

A: Die vier Elemente, durch den Willen des höchsten Wesens und durch die Einbildung der Natur.

Hierbei handelt es sich um den spirituellen oder animischen Keim, die Konzentration all dieser Potenziale, die durch die vitale Aktivität zum Einsatz kommen sollen. Das Balsam des Schwefels ist dieses animische Öl, das von seiner Geburt an die Flamme des individuellen Lebensfeuers aufrechterhält: Es ist die grundlegende Feuchtigkeit, die im innersten Kern des Wesens enthalten ist.

16) Wer erzeugt diesen Samen oder diesen Keim?

A: Die vier Elemente, durch den Willen des höchsten Wesens und durch die Einbildung der Natur.[1)]

Die den Körper betreffenden Potenziale entspringen dabei den Elementen, während der Wille des Höchsten Wesens sich im bewussten Prinzip des Individuums verkörpert, dessen konstruktiver Plan und Organisation sich nach der Vorstellungskraft der Natur richten.

17) Wie wirken diese vier Elemente?

A: Durch eine unermüdliche und anhaltende Bewegung, indem jedes derselben nach seiner Eigenschaft seinen Samen mitten ins Zentrum der Erde wirft, wo derselbe gar gemacht und digeriert, hernach durch die Gesetze der Bewegung herausgetrieben wird.

Durch diese zentrale Ausarbeitung wird das Universelle individualisiert.

---

1) Laut einer Notiz von Eliphas Levi, die von Stanislas de Guaita wiedergegeben wurde, entspricht der Wille Gottes dem Archäus (🜍) und die Vorstellungskraft der Natur dem Azoth (☿).

18) Was verstehen die Philosophen unter dem Zentrum der Erde?

A: Einen gewissen leeren Ort, den sie sich einbilden, und wo nichts ruhen kann.

Die Leere, um die es hier geht, entsteht durch die zentrifugale Expansionswirkung, die an ihrem Ausgangspunkt unwiderstehlich ist, aber in dem Maß an Energie verliert, in dem sie sich von diesem Punkt entfernt.

19) Wo legen also die vier Elemente ihre Eigenschaften oder Samen hin?

A: In das Exzentrum oder den Rand und Umfang des Zentrums, welcher, nachdem er eine gehörige Portion davon genommen, das übrige heraustreibt, woraus sich die Abhängige, die Schlacken und selbst die Steine der Natur bilden, wie dies der rohe Stein, das Sinnbild der ersten maurerischen Standes andeutet.

Die Individualität bildet eine salzige Sphäre ⊖, die ihre eigene, lebendige Substanz ist, eingehüllt in tote Krusten, die eine schützende Rinde bilden.

20) Erkläret mir diese Lehre durch ein Beispiel.

A: Man nehme einen ebenen Tisch, und auf denselben, in der Mitte stelle man ein Gefäß voll Wasser. Rund um das Gefäß lege man hernach mancherlei Sachen von verschiedenen Farben, unter anderen vornehmlich Salz, und habe dabei Acht, dass jede dieser Sachen wohl abgeteilt und abgesondert liege, wenn man, nachdem das Wasser in die Mitte gießt, wird nun es hierher und dorthin fließen sehen; wenn dieser kleine Bach dahin kommt, wo er die rote Farbe begegnet, wird er sich rot färben, wenn jener andere durch Salz geht, wird er Salzigkeit annehmen; denn es ist gewiss, dass das Wasser die Örter nicht ändert, sondern die Verschiedenheit der Örter ändert die Natur des Wassers; eben so erleidet der durch die vier Elemente ins Zentrum der Erde geworfene Same verschiedene Veränderungen, weil er durch verschiedene Örter, Gänge, Kanäle durchgeht; dergestalt, dass jede Sache nach der Verschiedenheit der Örter, sich erzeugt, und wenn der Same einer Sache an einen solchen Ort käme, wo er reine Erde und reines Wasser antraf, so würde daraus eine reine Sache entstehen, eben so ist in Ansehung des Gegenteils.

Die Wesen entstammen einer einzigen Quelle, und wenn sie sich ausdifferenzieren, dann nur durch Anpassung an die Umwelt, in der sie sich entwickeln.

21) Wie und auf welche Art erzeugen die Elemente diesen Samen?

A: Um diese Lehre wohl zu begreifen, muss man merken, dass zwei Elemente schwer und wichtig, und die anderen zwei leicht, zwei trocken, und zwei feuchte, jedoch das eine äußerste trocken und das andere äußerst feucht und außerdem männlich und weiblich sind; nun ist jedes derselben sehr tätig in seiner Sphäre Sachen hervorzubringen, die ihm gleichen; diese vier Elemente ruhen nimmer, sondern wirken beständig, und jedes treibt von sich und durch sich, was es am feinsten hat; sie haben ihren allgemeinen Sammelplatz im Zentrum, und sogar in jenem Zentrum des Archäus, jenes Dieners der Natur, wo sie ihre Samen vermischen, selbige wirksam machen und sie hernach heraustreiben. Man wird dies Verfahren der Natur viel deutlicher in den erhabenen Graden erkennen, welche auf diesen folgen.

Jedes Element hat in seinem Zentrum ein anderes Element, von dem es ein Element ist. Dies sind die vier Sälen der Welt, die nur aufgrund ihrer gegensätzlichen Wirkungen bestehen.

22) Welches ist der wahre und erste Stoff der Metalle?

A: Der erste eigentlich sogenannte Stoff ist von zweifachem Wesen oder in sich selbst zwiefach, dem ungeachtet erzeugt das eine ohne dem Beitritt des anderen kein Metall; der erste und vornehmste in eine Feuchtigkeit der Luft[1)], gemischt mit einer warmen Luft[2)] in Gestalt eines fetten Wassers, welcher jeder Sache, sie sei rein oder unrein, anhängt.

Dieses fettige Wasser entspricht der animalischen Substanz, von der sich der Kern der Individualität wie von einer Atmosphäre umhüllt füllt.

Diese und die folgenden Anmerkungen stammen von Stanislas de Guaita, der die Passagen, die wir kursiv wiedergeben, unterstrichen hat.

23) Wie haben die Philosophen diese Feuchtigkeit genannt?

A: Mercurius.

Äther, universelles Fluidum, Großer magischer Agent usw.

24) Wodurch wird er regiert?

A: Durch die Strahlen der Sonne und des Mondes.

In Bezug auf das Individuum sind die Sonnenstrahlen zentrifugal, während die Mond- oder reflektierten Strahlen zentripetal sind. Diese doppelte Strahlung verbindet sich in der animischen Atmosphäre.

25) Welches ist der zweite Stoff?

A: Es ist die Wärme der Erde, das heißt eine trockene Wärme, welche die Philosophen Schwefel nennen.

Individueller Geist, Innere Sonne.

26) Verwandelt sich der ganze Körper des Stoffs in Samen?

A: Nein, sondern nur der achthundertste Teil, der in dem Mittelpunkt desselben Körpers ruht, wie man es an dem Beispiel eines Samenkorns sehen kann.

---

1) Der Merkur der Weisen: ☿.

2) Ihr Schwefel: 🜍.

Der Kosmopolit gibt in seiner Abhandlung über die wahre und erste Materie der Metalle an, dass „ungefähr der achttausendzweihundertste Teil des Körpers" sich in Samen umwandelt.

27) Wozu dient der Körper der Materie in Beziehung auf den Samen?

A: Um denselben vor aller übermäßigen Wärme, Kälte, Feuchtigkeit oder Trockenheit, und überhaupt vor aller schädlichen Witterung zu bewahren, gegen welche die Materie ihm zur Hülle dient.

Der gesamte Körper ist nur eine passive Hülle in Bezug auf den aktiven Samen.

28) Der Künstler, der den ganzen Körper der Materie zu Samen machen wollte, würde der wohl, vorausgesetzt, dass es ihm gelingen könnte, darin wirklich einigen Vorteil finden?

A: Keinen, hingegen würde seine Arbeit gänzlich unnütz werden, weil man nichts Gutes machen kann, sobald man sich vom Verfahren der Natur entfernt.

Die Auswahl ist notwendig, da die Initiationshandlung unwirksam bleibt, wenn sie sich nicht ausschließlich auf das Beste konzentriert.

29) Was muss er demnach tun?

A: Er muss die Materie von allen ihren Unreinigkeiten säubern; denn es gibt kein Metall, so rein es sei, welches nicht seine Unreinigkeiten habe, doch eines mehr oder minder als das andere.

30) Wie stellen wir in der Freimaurerei die absolute und vorbereitende Notwendigkeit dieser Entschlackung oder Reinigung dar?

A: Während der ersten Initiation des Kandidaten im Lehrlingsgrad, wenn er von allen Metallen und Mineralien befreit wird und auf angemessene Weise ein Teil seiner Kleidung entfernt wird, was analog zu den Überflüssigkeiten, Oberflächen oder Schlacken ist, die von der Materie entfernt werden müssen, um den Samen zu finden.

31) Worauf muss der Philosoph am meisten Acht haben?

A: Auf den Punkt der Natur, und diesen Punkt muss er nicht suchen in den gemeinen Metallen, weil er nicht in denselben ist, da sie bereits aus den Händen der bildenden Natur gegangen sind.

An diesem Punkt in der Natur findet die Befruchtung statt.

32) Was ist der Grund davon?

A: Der Grund ist dieser, die gemeinen Metalle, vornehmlich das Gold, sind gänzlich tot, anstatt dass unsere hingegen gänzlich lebendig sind und Geist haben.

Die Siebenheit der lebenden Metalle ist in jedem Individuum unterscheidbar.

33) Was ist das Leben der Metalle?

A: Es ist nichts anders als das Feuer, wenn sie noch in ihren Minen liegen.

Es handelt sich um das zentrale Feuer oder die schwefelhaltige Glut, die Quelle der vitalen Bewegung.

34) Was ist ihr Tod?

A: Ihr Tod und ihr Leben haben dieselbe Ursache, weil sie gleicherweise durch das Feuer sterben, aber durch Schmelzfeuer.

Das Feuer der Verschmelzung ist das des Scheiterhaufens des Herkules, in dem die Individualität mit dem Ganzen verschmilzt, innerhalb dessen sich ihre Autonomie behauptet hat.

35) Auf welche Art werden die Metalle in den Eingeweiden der Erde erzeugt?

A: Nachdem die vier Elemente ihre Kraft in dem Mittelpunkt der Erde geäußert, und daselbst ihren Samen abgelegt haben, läutert der Archäus der Natur denselben und sublimiert sie auf die Oberfläche durch die Wärme und Tätigkeit einer immerwährenden Bewegung.

Das metallische Septenär ist das Ergebnis von Interferenzen zwischen dem geistig Handelnden 🜍, dem sinnlich Animischen ☿ und dem plastisch Körperlichen 🜔. Drei erzeugt sieben.

36) Worin löst sich der Wind auf, wenn er sich durch die Zwischenräumchen der Erde durchdrängt?

A: Er löst sich in Wasser auf, aus welchem sich alle Dinge erzeugen und es ist alsdann nur ein feuchter Dunst, aus welchem sich hernach das Urprinzip jeder Sache bildet, und welches den Philosophen als erste Materie dient.

Diese wirken auf die ätherische Substanz, die ihr inneres Feuer 🜍 nach außen gebracht hat.

37) Welches ist dann dieses Urprinzip, welches den Kindern der Wissenschaft in dem philosophischen Werk zur ersten Materie dient?

A: Es wird diese nämliche Materie sein, welche, sobald sie empfangen ist, durchaus nicht mehr ihre Gestalt verändern kann.

Der Adept verarbeitet die philosophische Materie, durch die sich alle Transformationen vollziehen. Diese Materie bleibt leblos, solange sie nicht den belebenden Impuls des handelnden Geistes ☉ erhalten hat und Gegenstand einer imaginativen Konzeption ☾ war; aber wenn sie einmal geistig gezeugt und beseelt ist, verfolgt sie unweigerlich ihre eigene Bestimmung.

38) Haben Saturn, Jupiter, Mars, Venus, die Sonne, der Mond usw., jeder verschiedene Samen?

A: Sie haben alle denselben Samen, aber der Ort ihrer Erzeugung ist die Ursache dieser Verschiedenheit gewesen, obwohl die Natur weit eher ihr Werk vollendet, wenn sie Silber, als wenn sie Gold hervorbringt, und eben so in Ansehung der übrigen Metalle.[1)]

Der Kosmopolit hat nicht erklärt, warum er dem Silber den Vorzug gibt. Will er damit sagen, dass das Herz zu einer höheren Vollkommenheit führt als der Intellekt?

39) Wie bildet sich das Gold in den Eingeweiden der Erde?

A: Wenn jener Dunst, den dem wir gesagt haben, im Mittelpunkt der Erde sublimiert wird und durch warme und reine Örter, wo ein gewisses Schwefelfett an den Wänden hängt, durchgeht, dann legt dieser Dunst sich an dieses Fett an, durchdringt es und erhebt es hernach mit sich; und aus diesem Gemisch entsteht ein gewisses schmieriges Wesen, welches den Namen Dunst verliert, und alsdann Fett genannt wird, und indem es sich hierauf zu anderen Örtern erhebt, die durch den vorhergehenden Dunst gereinigt worden, und an welchen die Erde subtiler, reiner und feuchter ist, erfüllt sie die Zwischenräumchen dieser Erde, wächst mit ihr zusammen, und das ist es dann, was das Gold hervorbringt.

Diese Generierung der Metalle stimmt mit der geologischen Theorie überein, die Abel Haatan in seinem bemerkenswerten Buch „Contribution àl'éude de l'Alchimie, Thérie et pratique du Grand Œvre“ (Beitrag zum Studium der Alchemie, Theorie und Praxis des Großen Werks), Paris, Chacornac, 1905, wissenschaftlich entwickelt hat. Man darf auch nicht vergessen, dass die Natur nach einem einzigen Plan aufgebaut ist, so dass die gleichen grundlegenden Dispositionen in allen Wesen erkennbar sind, wenn man sich auf das Allgemeine beschränkt und das Besondere außer Acht lässt.

40) Wie erzeugt sich Saturn?

A: Wenn jenes schwierige Wesen oder Fett an gänzlich unreine oder kalte Örter kommt.

Saturn ♄, als der peripherste Planet, der den Alten bekannt war, entspricht den kortikalen Formationen, die am weitesten vom Lebenszentrum entfernt sind.

41) Wie findet man diese Erklärung im Noviziat angedeutet?

A: Durch die Erklärung des Wortes Profan, welchen den Namen des Saturns vertritt, aber welches wir wirklich auf alles dasjenige anwenden, was an einem unreinen und kalten Ort sich aufhält, wie dieses durch die Allegorie der Welt, des Zeitalters und seiner Unvollkommenheiten andeuten.

Das Profane stellt das Äußere oder Exoterische im Gegensatz zum Inneren oder Esoterischen dar.

---

1) Eliphas Levi (Der Schlüssel zu den Großen Mysterien) erstellte gemäß der Lehre der Kabbalisten den Stammbaum der Metalle, der nichts anderes ist als der Baum der metallischen Sephiroth.

42) Wie bilden wir das Werk und das Gold ab?

A: Durch das Bild eines Meisterstücks der Baukunst, dessen Pracht, ganz von Gold und edlen Metallen glänzend, wir umständlich schildern.

Die Freimaurerei hält sich normalerweise an rein konstruktive Allegorien. Hier überlagert die metallurgische Symbolik in gewisser Weise die der Architektur.

43) Wir erzeugt sich Venus?

A: Sie erzeugt sich alsdann, wenn die Erde rein, aber mit unreinem Schwefel vermischt ist.

Venus (Kupfer) entspricht der Vitalität oder dem Lebenssaft. Sie ist die rechtmäßige Ehefrau von Vulkan, dem inneren Arbeitsfeuer, aber sie liebt es, mit Mars, dem nach außen wirkenden Eroberungsdrang, Ehebruch zu begehen.

44) Welche Kraft hat jener Dunst im Mittelpunkt der Erde?

A: Er hat die Kraft, durch seinen beständigen Fortgang alles, was roh und unrein ist, immer zu läutern und nach und nach was rein ist, an sich zu ziehen.

Aus dem tiefsten Zentrum der Wesen strömt eine aufsteigende Energie, die die eigentliche Quelle der vitalen Bewegung ist, der große Transmutator, der organisiert, sublimiert und vitalisiert.

45) Welches ist der Same des ersten Stoffs aller Dinge?

A: Den ersten Stoff der Dinge[1] erzeugt die Natur ohne Beihilfe irgendeines Samens, dies will sagen, dass die Natur die Materie der Elemente nimmt, aus welcher sie hernach den Samen erzeugt.

Der erste Stoff der Dinge ist jene ultrafeine und notwendigerweise allgegenwärtige Substanz, die die Philosophen ihr Quecksilber nennen.

46) Welches ist denn überhaupt zu reden der Same aller Dinge?

A: Der Same in einem Körper ist nichts anders als eine geronnene Luft oder ein feuchter Dunst, welcher, wenn er nicht durch einen warmen Dunst aufgelöst wird, gänzlich unnütz wird[2].

Der Samen ist geronnenes Quecksilber, das sich aufgrund seiner Verbindung mit der aktiven schwefelhaltigen Glut für die partikularisierende Befruchtung eignet.

47) Wie verschließ sich die Erzeugung des Samens im metallischen Reich?

---

1) Die prinzipiierenden Prinzipien (Elohim, אלהים) sind hier 🜍 und ☿ (Schwefel und Quecksilber der Weisen). – Das erste Stoff der Dinge ist ein drittes Prinzip, das sich aus der Vereinigung der ersten beiden ergibt י + ה = ו

2) Der weibliche Merkur ☿ (ה des י ה ו ה) befruchtet durch den männlichen Schwefel 🜍 (י desselben Tetragramms).

A: Durch die Kunst des Archäus; die vier Elemente treiben in der ersten Erzeugung der Natur im Mittelpunkt der Erde einen Dunst von schwerem Wasser ab, welcher der Same der Metalle ist und Merkurius heißt, nicht wegen seines Wesens, sondern wegen seiner Flüssigkeit und leichten Anhänglichkeit an alle Sachen.

Hier geht es um die Erzeugung dessen, was man als die mit dem Lebensgeist vereinte Körper-Seele bezeichnen kann.

48. Warum wird dieser Dunst mit dem Schwefel verglichen?[1)]

A: Wegen seiner inneren Wärme.

49) Was wird der Same nach der Erinnerung?

A: Er wird die Radikalfeuchtigkeit der Materie.

Animisches Prinzip der Erhaltung des Körpers.

50) Welchen Merkurius versteht man, wenn man sagt, dass die Metalle daraus gebildet werden.

A: Die versteht sich bloß vom Merkurius der Philosophen, und auf keine Weise vom gemeinen Quecksilber, der nicht ein Samen sein kann, da er selbst in sich seinen Samen hat, wie die anderen Metalle.[2)]

Man kann sich den Merkur der Philosophen als die Seele der Dinge vorstellen.

51) Was muss man denn eigentlich nehmen zu unserem ersten Stoff?

A: Man muss den Samen allein oder das feste Korn, und nicht den ganzen Körper, der unterschieden wird in ein lebendiges Männliche, das ist Schwefel, und lebendiges Weibliche, das heißt Merkurius.

Die Philosophen hüten sich davor, auf ein Ergebnis einzuwirken, das bereits feststeht. Sie wollen bis zur Quelle der zu vollziehenden Handlung zurückgehen, um diese zu beeinflussen, bevor sie sich in eine Handlung umgewandelt hat.

„So nimm nun das lebendige Männchen und das lebendige Weibchen und verbinde sie miteinander, damit sie sich einen Samen vorstellen, um eine Frucht ihrer Natur zu zeugen", sagt der Kosmopolit.

52) Welche Operation hat man hernach zu machen?

A: Man soll sie zusammenfügen, damit sie einen Keim bilden können, woraus sie hernach eine Frucht von ihrer Natur erzeugen mögen.

---

1) Es gibt Kabbalisten, die den Schwefel 🜍 als ein „konglutiniertes" Feuer definieren. Das Feuer = △: Die Analogie der darstellenden Figuren ist nicht willkürlich.

2) Unser Merkur ist so verschieden von dem gemeinen ☿, wie der Flachs von der Seide. Jude Abraham: (Asch Mezareph).

53) Was gedenkt dann der Künstler in dieser Operation zu machen?

A: Der Künstler gedenkt nichts anders zu machen, als das Subtile von dem Groben zu scheiden.[1)]

Und es in ein geeignetes Gefäß legen, fügt der Kosmopolit hinzu.

54) Worauf läuft folglich alle philosophische Kombination hinaus?

A: Sie läuft darauf hinaus, aus Einem zwei und aus Zwei eins zu machen, und nichts mehr.

Der Kosmopolit fährt fort: "Es gibt einen Gott, und aus diesem einen ist der Sohn hervorgegangen, so dass einer zwei hervorgebracht hat, und zwei haben den Heiligen Geist hervorgebracht, der aus einem und aus dem anderen hervorgegangen ist... Aus einem kannst du nicht eins machen. Das ist Gott allein vorbehalten, dem es eigen ist. Es genügt dir, dass du aus zweien eines erschaffen kannst, das dir nützlich ist; und dazu sollst du wissen, dass der sich vermehrende Samen der zweite und nicht der erste Stoff aller Metalle und aller Dinge ist; denn der erste Stoff der Dinge ist unsichtbar, er ist in der Natur oder in den Elementen verborgen; der zweite aber erscheint manchmal den Kindern der Wissenschaft".

55) Gibt es in der Maurerei irgendeine Analogie, welche auf diese Operation hinweist?

A: Jeder Kopf, der denken kann, wird sie deutlich genug einsehen, wenn er sich an der mystische Zahl Drei verweilt, auf welcher die ganze maurerische Wissenschaft wesentlich beruht.

56) Wo findet sich der Same und das Leben der Metalle und Mineralien?[2)]

A: Der Same der Mineralien ist eigentlich das Wasser, welches sich im Mittelpunkt und im Herzen des Minerals findet.

„Im Zentrum des Herzens", sagt der Kosmopolit.

57) Wie wirkt die Natur durch die Hilfe der Kunst?

A: Jeder Same, er sei welcher er wolle, ist von keinem Wert, wenn er nicht durch die Kunst oder die Natur in eine für ihn gehörige Mutter gebracht wird, wo er sein Leben empfängt, indem er den Keim verwesen[3)] lässt, und die Gerinnung des reinen Punkts oder Keims verursacht.

Da das Leben in seinem Wesen eins ist, kann sich Elia dem Samen nicht mitteilen, solange dieser sich nicht durch Anheftung an ihn mit einer Quelle des Lebensflusses in Verbindung gebracht hat.

---

1) Du sollst die Erde vom Feuer trennen, das Leichte und Feine vom Schweren und Dicken... So wirst du den Ruhm des gesamten Universums erlangen... Hier liegt wahrhaft die starke Kraft aller Kräfte (Hermes).

2) Es ist das astrale Licht: Es strahlt in der Sonne, glänzt in den Metallen, vegetiert in den Pflanzen, zirkuliert im Blut und färbt es. Eliphas Levi.

3) Zu beachtende Synonyme: verrotten oder mortifizieren, – gefrieren oder fixieren oder oft kristallisieren.

58) Wie wird der Same hernach ernährt[1] und erhalten?

A: Durch die Wärme seines Körpers.

59) Was macht demnach der Künstler im mineralischen Reich?

A: Er vollendet dasjenige, was die Natur nicht endigen kann, wegen der Rohheit der Luft, die durch ihre Gewalt die Zwischenräumchen jedes Körpers erfüllt hat, nicht in den Eingeweiden der Erde, sondern auf ihrer Oberfläche.

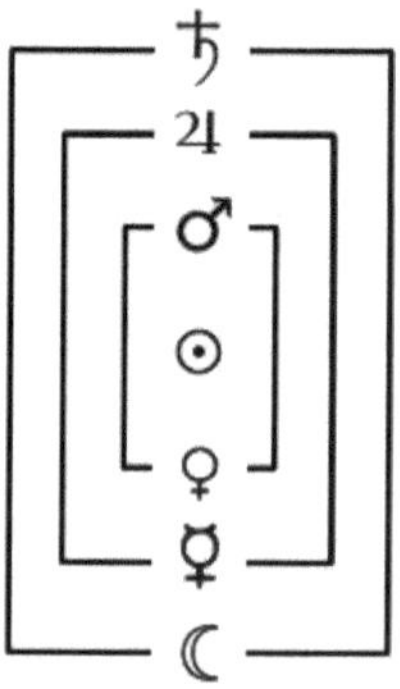

♄
♃
♂
☉
♀
☿
☾

Der Künstler beschränkt sich darauf, der Natur auf intelligente Weise den Weg zu bereiten, indem er die Hindernisse aus dem Weg räumt, die sie daran hindern, ihr Werk zu vollenden.

Der Kosmopolit fügte hinzu: "Die meisten Künstler wissen sehr wohl, wie man Eisen ♂ ohne die Sonne ☉ in Kupfer ♀ umwandelt, und wie man Jupiter ♃ in Merkur ☿ umwandelt, ja es gibt sogar einige, die aus Saturn ♄ Mond ☾ machen; aber wenn sie diesen Veränderungen die Natur der Sonne beifügen könnten, würden sie gewiss etwas finden, das wertvoller ist als alle Schätze der Welt.

60) Was für eine Gemeinschaft haben die Metalle untereinander?

A: Um diese Gemeinschaft wohl zu verstehen, muss man die Stellung der Planeten betrachten, und Acht geben, dass Saturn der höchste von allen ist, auf welchen Jupiter folgt, dann Mars, die Sonne, Venus, Merkur, und endlich der Mond. Man muss bemerken, dass die Tugenden der Planeten nicht aufwärts steigen, sondern herabwärts, und die Erfahrung lehrt uns, dass Mars sich leicht in Venus verwandelt, und nicht Venus in Mars, da selbige um eine Sphäre niedriger ist; eben so geht Jupiter leicht in Merkurius über, weil Jupiter höher ist als Merkur; jener ist der zweite nach dem Firmament, dieser ist der zweite über der Erde, und Saturn der höchste, der Mond der niedrigste; die Sonne vermischt sich mit allen, aber sie wird niemals durch die niedrigere verbessert. Mari sieht klärlich, dass eine große Gemeinschaft zwischen Saturn und dem Mond stattfindet, in deren Mitte die Sonne ist; aber bei allen diesen Veränderungen muss der Philosoph sich bestreben, Sonne zu verschaffen.

61) Wenn die Philosophen von dem Gold oder Silber sprechen, woraus sie ihre Materie ziehen, verstehen sie darunter das gemeine Gold oder Silber?

A: Nein; denn das gemeine Gold und Silber ist tot, während das der Philosophen voll Leben ist.[2]

---

1) Synonym: Ernährung oder Vermehrung. Einfrieren oder Fixieren oder häufig Kristallisation.

2) Für die Fortsetzung seines Katechismus ließ sich Baron de Tschoudy nicht mehr vom Kosmopoliten inspirieren, sondern von „a Lumière sortant des Ténèbres“ einem Werk, das die „de italienne“ kommentiert, die wir weiter unten mit Übersetzung und Kommentaren wiedergeben (O. W.).

62) Was ist der Gegenstand der Untersuchungen der Maurer?

A: Es ist die Erkenntnis der Kunst, dasjenige zu vervollkommnen, was die Natur in dem menschlichen Geschlechtes unvollkommen gelassen, und zum Schatz der wahren Moral zu gelangen.

63) Was ist der Gegenstand der Untersuchung der Philosophen?

A: Es ist die Erkenntnis der Kunst, dasjenige zu vervollkommnen, was die Natur in dem mineralischen Geschlecht unvollkommen gelassen, um zum Schatz des philosophischen Steins zu gelangen.

64) Was ist dieser Stein?

A: Der philosophische Stein ist nichts anders als die Radikalfeuchtigkeit der vollkommen gereinigten und zu einer vollständigen Festigkeit gebrachten Elemente, welches macht, dass sie so große Dinge für die Gesundheit wirkt, indem das Leben einzig und allein in der Radikalfeuchtigkeit liegt.

Der berühmte Stein der Weisen wird hier als eine animische Substanz dargestellt, als ein Wirkungsprinzip, das eng mit den Quellen des Lebens der Individuen selbst verbunden ist.

65) Worin besteht das Geheimnis, dies bewundernswüdige Werk zu machen?

A: Dies Geheimnis besteht darin, dass man die eingeborene Wärme, oder das Feuer der Natur, welches in dem Zentrum der Radikalfeuchtigkeit eingeschlossen ist, aus dem Vermögen in die Wirksamkeit zu bringen wisse.

Die wahre „Sphäre der Weisen", fügt der Autor von „La Lumièe sortant des Tèeres" in seinem Vorwort hinzu.

66) Was muss man für Behutsamkeit brauchen, um nicht das Werk zu verfehlen?

A: Man muss Sorge tragen, der Materie die Unreinigkeiten zu benehmen, und nur bedacht sein den Kern zu bekommen, oder den Mittelpunkt, der die ganze Kraft des Gemischten in sich schließt.

67) Warum heilt diese Arznei alle Arten von Übel?

A: Diese Arznei hat die Kraft, alle Arten von Übel zu heilen, nicht wegen ihrer verschiedenen Eigenschaften, sondern nur insofern sie die natürliche Wärme allmählich stärkt, welche sie sanft erweckt, anstatt dass die andern Mittel sie durch einen zu starken Reiz übertreiben.

68) Wie werdet ihr mir die Wahrheit der Kunst in Ansehung der Tinktur beweisen?

A: Diese Wahrheit gründet sich ernstlich darauf, dass das physische Pulver, da es aus derselben Materie gemacht ist, woraus sich die Metalle bilden, nämlich aus Quecksilber, die Kraft hat, sich mit denselben in dem Fluss zu vermischen, in dem eine Natur sich sehr leicht mit einer andern vereinigt, die ihr ähnlich ist; zweitens darauf, dass da die unvollkommenen Metalle nur darum unvollkommen sind, weil ihr Quecksilber roh ist, das physische Pulver, welches ein reifes und gares Quecksilber und eigentlich ein reines Feuer ist, selbigen leichtlich die Reife mitteilen und sie in seine Natur verwandeln kann, nach geschehener Anziehung ihrer rohen Feuchtigkeit, das heißt, ihres Quecksilbers, welches die einzige Substanz ist, die sich verwandelt, indem der Überrest nur aus Schlacken und Abgäglingen besteht, die bei der Schmelzung weggeworfen werden.

69) Welchen Weg soll der Philosoph einschlagen, um zur Kenntnis und Ausführung des physischen Werks zu gelangen?

A: Denselben Weg, den der große Baumeister der Welt bei Erschaffung der Welt nahm, indem er bemerkt, wie das Chaos in Ordnung gebracht wurde.

70) Welches war die Materie des Chaos?

A: Es konnte nichts anders sein, als ein feuchter Dunst, weil unter den erschaffenen Wesen nichts als das Wasser ist, was durch einen fremden Umfang sich begrenzt, und was alle mögliche Formen anzunehmen fähig ist.

Man stellt sich das Chaos als eine finstere Feuchtigkeit vor, eine Art undurchsichtiger Nebel, in dem sich alles in einem diffusen Zustand befindet.

71) Gebt mir ein Beispiel von dem, was Ihr so eben gesagt habt.

A: Dies Beispiel kann man von den einzelnen Hervorbringungen der gemischten Wesen hernehmen, deren Samen sich immer in eine gewisse Feuchtigkeit auflösen, die das besondere Chaos ist, aus welchem hernach die ganze Gestalt der Pflanze wie durch eine Strahlung hervorgeht. Übrigens muss man bemerken, dass die Schrift an keiner Stelle eines andern materiellen Stoffs erwähnt, als des Wassers, über welches der Geist Gottes geschwebt.[1)]

72) Welchen Vorteil kann der Philosoph aus dieser Betrachtung ziehen, und was soll er vorzüglich bemerken in der Art, wie das höchste Wesen die Welt erschafft?

A: Zuerst wird er die Materie betrachten, woraus die Welt erschaffen worden, er wird sehen, dass der oberste Baumeister aus diesem vermischten Klumpen zuerst das Licht herausgezogen, welches in demselben Augenblick die Finsternis, welche die Erde umfing, zerstreute, und der Materie zur allgemeinen Form diente; er wird hernach leichtlich einsehen, dass bei der Erzeugung aller

---

1) Spiritus ה ו ה י ferebatur super aquas: die Schwefelglut über der Quecksilberfeuchtigkeit (S. de G.).

gemischte»Wesen eine Art von Bestrahlung, und eine Scheidung des Lichts von der Finsternis vorgeht, worin die Natur eine beständige Nachahmerin ihres Schöpfers ist. Der Philosoph wird gleichfalls begreifen, wie durch die Tätigkeit dieses Lichts die Ausdehnung entstanden, oder anders, das Firmament, welches die Gewässer von den Gewässern scheidet: der Himmel wurde darauf mit leuchtenden Körpern geschmückt; aber da die oberen Dinge allzu entfernt von den unteren sind, war es nötig, den Mond zu erschaffen, als die Fackel zwischen dem Hohen und dem Niedrigen, welcher die himmlischen Einflüsse von oben empfängt, und der Erde mitteilt: der Schöpfer sammelte hierauf die Gewässer, und ließ das Trockne erscheinen.

"Oder die Erde, die wie Kot und Fäkalien dieses ersten Chaos war" fügt der Autor von "a Lumière sortant des Ténèbres" hinzu.

73) Wie viel gibt es Himmel?

A: Eigentlich nur einen, nämlich die Veste, welche die Wasser von den Wassern scheidet; indessen nimmt man drei an; der erste, der von über den Wolken, wo die verdünnten Gewässer sich aufhalten und zurückfallen, bis zu den Fixsternen geht, und in diesem Raum sind die Planeten und irrenden Sterne. Der zweite ist der Ort der Fixsterne selbst; der dritte ist der Ort der überhimmlischen Gewässer.

74) Warum begrenzt sich die Verdünnung der Gewässer auf den ersten Himmel, und steigt nicht hinüber?

A: Weil es die Natur der verdünnten Dinge mit sich bringt, sich immer in die Höhe zu heben, und Gott in seinen ewigen Gesetzen jedweder Sache ihre eigene Sphäre angewiesen hat.

75) Warum dreht sich jeder himmlische Körper unveränderlich wie um eine Achse, ohne sich umzubiegen?

A: Dies kommt bloß von der ersten Bewegung, die ihm eingedrückt worden.

76) Warum machen die oberen Gewässer nicht nass?

A: Wegen ihrer äußersten Dünnigkeit; eben deshalb weiß ein gelehrter Scheidekünstler mehr Vorteile aus der Wissenschaft der Verdünnung zu ziehen, als aus einer jeden andern.

Grundlage der Homöopathie.

77) Aus welcher Materie besteht das Firmament oder die Veste?

A: Das Firmament ist eigentlich die Luft, deren Natur vielmehr Gemeinschaft mit dem Licht als mit dem Wasser hat.

78) Was machte der Schöpfer nach der Scheidung der Gewässer vom Trocknen und von der Erde, um zu den Erzeugungen Anlass zu geben?

A: Er schuf ein besonderes zu diesem Amt bestimmtes Licht, welches er in das Centralfeuer setzte, und mäßigte dies Feuer durch die Feuchtigkeit des Wassers und die Kälte der Erde[1)], um die Wirksamkeit desselben zu hemmen, und damit seine Wärme zur Absicht seines Urhebers tauglicher würde.

79) Was ist die Wirkung dieses Zentralfeuers?

A: Es wirkt beständig auf die feuchte Materie, die ihm am nächsten ist, aus welcher dasselbe einen Dunst[2)] aufsteigen lässt, der der Merkur der Natur und der Urstoff der drei Reiche ist.

80) Wie bildet sich hernach der Schwefel der Natur?

A: Durch die zwiefache Wirkung oder vielmehr Gegenwirkung dieses Zentralfeuers auf den merkurialischen Dunst.

81) Wie entsteht das Meersalz?

A: Es bildet sich durch die Wirkung desselben Feuers auf die wässrige Feuchtigkeit; wenn die Luft und die Feuchtigkeit, die darin verschlossen ist, verduftet.

82) Was soll ein wahrlich weiser Philosoph tun, wenn er einmal den Grund und die Ordnung, die der große Baumeister der Welt bei der Erschaffung der ganzen Natur beobachtete, wohl begriffen hat?

A: Er soll, so weit es möglich ist, ein getreuer Nachahmer seines Schöpfers werden; in seinem physischen Werk soll er sein Chaos so machen, wie es wirklich gewesen ist; das Licht von der Finsternis scheiden; sein Firmament, das die Wasser von den Wassern scheidet, bilden, und endlich durch Befolgung des angezeigten Weges das ganze Werk der Schöpfung vollenden.

83) Womit macht man denn diese große und erhabene Operation?

A: Mit einem einzigen Körperchen oder kleinen Stück Materie, welches sozusagen nur Fäkalien, Schmutz und Unrat enthält, aus welchem man eine gewisse dunkle und merkurialische Feuchtigkeit herauszieht, die alles in sich enthält, was den Philosophen nötig ist; weil er in der Tat nur den wahren Merkurius sucht.

---

1) Sowohl in der hermetischen Wissenschaft als auch im okkulten Magnetismus muss die Nachsicht die Strenge mäßigen und die Strenge die Güte korrigieren (S. de G.).

2) Siehe Acheron und Phlegeton in der antiken Hölle: Die Hitze des Phlegetons lässt einen dichten Nebel aus dem Acheron aufsteigen, und dieser Nebel reagiert auf das Phlegeton. (S. de G.).

84) Welches Merkurs soll er sich denn zum Werk bedienen?

A: Eines Merkurs, der sich nicht als solcher auf der Erde findet, sondern der aus Körpern und keineswegs aus gemeinem Quecksilber, wie gesagt worden, ausgezogen ist.

85) Warum ist das letztere nicht tauglich zu unserm Werk?

A: Weil der weise Künstler bemerken muss, dass das Quecksilber nicht eine hinlänglich Menge von Schwefel in sich enthält, und dass er folglich einen von der Natur erschaffenen Körper bearbeiten muss, in welchem sie selbst den Schwefel und den Merkur zusammen gemischt hat, welche der Künstler scheiden soll.

86) Was hat er hernach zu tun?

A: Er muss beides vereinigen und wieder zusammenfügen.

87) Wie nennt ihr jenen Körper?

A: Roher Stein, oder Chaos, oder Illiast, oder Hyle.

88) Ist dies der nämliche rohe Stein, dessen Symbol unsere ersten Grade bezeichnet?

A: Ja, es ist der nämliche, den die Maurer bearbeiten, zu behauen und zu glätten suchen; dieser rohe Stein ist sozusagen ein Teil des ersten Chaos oder der verwirrten Masse, die gekannt, aber von jedem verachtet wird.

89) Weil Ihr mir sagt, dass der Merkur die einzige Sache sei, die der Philosoph kennen soll, so gebt mir eine umständliche Beschreibung davon, damit man sich nicht darin irre!

A: Unser Merkur ist in Betracht seiner Natur zwiefach, feuerfest und flüchtig; in Betracht seiner Bewegung ist er auch zwiefach, weil er eine Bewegung des Aufsteigens und Herabsteigens hat: beim Herabsteigen erweckt er durch den Einfluss in die Pflanzen das schlummernde Feuer der Natur, und dies ist sein erstes Amt vor seiner Gerinnung: durch das Aufsteigen erhebt er sich, um sich zu läutern, und da dies nach seiner Gerinnung geschieht, so wird er dann als die Radikalfeuchtigkeit der Dinge betrachtet, welche unter schlechten Schlacken dennoch den Adel ihres ersten Ursprungs behält (*Wie ein Prinz unter Lumpen – S. de G.)*.

"Es ist eine sehr reine Jungfrau, die ihre Jungfräulichkeit nicht verloren hat, auch wenn man sie mitten auf öffentlichen Plätzen findet; sie ist in jedem Körper, und jede Verbindung nimmt sie in sich auf; aber was wäre ein Körper ohne sein feuchtes Element, und wie könnte eine Substanz ohne ihr eigenes Subjekt existieren?"

90) Wie vielerlei Feuchtes rechnet man in jedem zusammengesetzten Wesen?

A: Dreierlei.

1) die Elementarfeuchtigkeit, die eigentlich nur der Behälter der andern Elemente ist:

2) die Radikalfeuchtigkeit, die eigentlich das Öl oder der Balsam ist, in welchem die ganze Kraft des Wesens sitzt:

3) die Nahrungsfeuchtigkeit, welche das wahre Auflösungsmittel der Natur ist, das innere schlummernde Feuer erweckt, durch seine Nässe die Fäulnis und die Schwärzung verursacht, und das Wesen unterhält und nährt.

In jedem Körper ist die elementare Feuchtigkeit beständig mit der Erde verbunden; sie verlässt die Verbindung nie ganz und bleibt ihr bis in ihre Asche und das daraus gewonnene Salz verbunden; sie ist das wahre und reinste Element des Wassers, das keine Veränderung durch die anderen Elemente erfahren hat.

Die Grundfeuchtigkeit enthält die Kraft des Körpers, aber sie entzündet sich und trennt sich leicht von der Verbindung. Es bleibt jedoch immer ein kleiner Teil von ihr zurück, sogar in der Asche, aber bei der Verglasung löst sie sich vollständig auf.

Was die Nahrungsfeuchtigkeit betrifft, so ist sie von der Art der radikalen Feuchtigkeit vor ihrer Erstarrung und den Veränderungen, die ihr durch spezifische Einflüsse zugefügt werden. Sie ist flüchtig und verlässt den Körper fast als erste. Sie ist die Lebensflüssigkeit, die von einem Menschen auf einen anderen übertragen werden kann. Man hat darin auch das pflanzliche Quecksilber gesehen, das noch im Abstieg begriffen ist, um den Samen in den Körpern zu vermehren.

"Im Übrigen, so folgert B. D. L., ist die Kenntnis dieser drei Feuchtigkeiten für diejenigen, die sich an unsere Wissenschaft halten, notwendiger als die Kenntnis ihrer eigenen Sprache, denn ohne sie ist es absolut unmöglich, den Merkur der Philosophen richtig zu verstehen"

91) Wie vielerlei Arten von Merkur haben die Philosophen?

A: Der Merkur der Philosophen lässt sich aus vier Gesichtspunkten betrachten; erstens nennt man ihn den Merkur der Körper; dieser ist, genau zu reden, der verborgene Same: zweitens den Merkur der Natur; dieser ist das Bad oder das Gefäß der Philosophen, sonst Radikalfeuchtigkeit genannt, drittens der Merkur der Philosophen, weil er sich in ihrer Werkstäte und in ihrer Fundgrube findet; dieser ist die Schwere des Saturns, er ist ihre Diana, ist das wahre Salz der Metalle, mit welchem man, nachdem man ihn gewonnen, erst das wahre philosophische Werk anfängt: im vierten Betracht nennt man ihn den gemeinen Merkur, nicht das gemeine Quecksilber, sondern denjenigen Merkur, der eigentlich die wahre Luft der Philosophen das wahre Mittelwesen des Wassers, das wahre geheime und verborgene Feuer ist, welches gemeines Feuer genannt wird, weil es allen Bergminen gemein ist, weil in ihm die Substanz der Metalle besteht, und weil sie von ihm ihre Menge und Eigenschaft ziehen.

Der Merkur des Körpers ist der wichtigste, edelste, virtuellste und aktivste von allen. Er ist es, der wahrhaft der Stein ist.

Der Merkur der Natur ist das wahrhaft philosophische Wasser, das Sperma der Metalle und die Grundlage der gesamten Natur.

Der Merkur der Philosophen ist von sehr mächtiger Natur. Es ist der große magische Agent, der die Kontrolle über alle Dinge verleiht.

Schließlich ist es der gemeinsame Merkur, „durch den die Körper der Mineralien vermehrt werden, und in ihm besteht die metallische Substanz".

92) Warum halten die Maurer die unpaare Zahlen, und namentlich die Sieben in Ehren?

A: Weil die Natur, die ein Gefallen an ihren eigenen Zahlen hat, sich mit der geheimnisvollen Zahl Sieben befriedigt, vornehmlich in den Dingen hienieden, oder die von dem Monde abhängen; indem der Mond uns eine unendliche Zahl von Veränderungen und Abwechslungen in der Zahl Sieben sehen lässt.

"Durch diese magische Zahl, fügt B. D. L. hinzu. –, wird die Natur und alles, was von ihr abhängt, insgeheim regiert ... Sie ermöglicht es, die Ordnung des Universums zu verstehen."

93) Wie viel Operationen gibt es in unserm Werk?

A: Nur eine, welche auf die Sublimation ankommt, die nach dem Geber nichts anders als die Erhebung der trockenen Sache vermittelst des Feuers mit Aufhängung an sein eigen Gefäß ist.

Um eine gute Sublimation durchzuführen, ist es wichtig, drei Dinge zu kennen: das Feuer, die trockene Sache und das Gefäß. Da aber die Trockenheit vom Feuer herrührt, handelt es sich insgesamt um einen vorwiegend feuerartigen oder geistigen Vorgang, um eine gleichzeitige Reinigung und allmähliche Erhöhung des Geistes (Feuer), der Seele (anhaftende Trockenheit) und des Körpers (Gefäß).

94) Was für Vorsicht hat man bei Lesung der hermetischen Philosophen zu brauchen?

A: Man muss sich vornehmlich hüten, das, was sie hierüber sagen, nicht buchstäblich und nach dem Schall der Worte zu nehmen: denn der Buchstabe töte, aber der Geist macht lebendig.

95) Welches Buch soll man lesen, um zur Kenntnis unserer Wissenschaft zu gelangen?

A: Unter den Alten muss man insbesondere alle Werke des Hermes lesen, hernach ein gewisses Buch, welches die Aufschrift führt, der Durchgang durchs rote Meer, und ein anderes, die Anlandung an das gelobte Land, betitelt.

1) Unter den Alten muss man nächstdem vornehmlich den Paracelsus lesen, und unter andern seinen chymischen Fußsteig, ober Handbuch des Paracelsus, welches alle Geheimnisse der demonstrativischen Physik und der verborgensten Kabbala enthält; dieses köstliche und originale Werk findet sich nur in

Handschrift auf der vatikanischen Bibliothek; aber Sendivogius hatte das Glück, eine Kopie davon zu nehmen, welche gedient hat einen von den Weisen unseres Ordens aufzuklären.

2) Man muss den Raymond Lullius und vornehmlich sein Vademecum, sein Gespräch, genannt Lignum Vitae, sein Testament und sein Codicill lesen, aber man sei gegen die letzten zwei Werke auf seiner Hut, weil sie so, wie die Werke des Geber und des Arnold von Villanova, mit falschen Rezepten, unnützen Erdichtungen und Irrtümern ohne Zahl erfüllt sind; ihre Absicht ist allem Anschein nach dabei gewesen, die Wahrheit vor den Unwissenden noch mehr zu verstecken.

3) Die Turba philosophorum, die nur eine Sammlung von alten Autoren ist, enthält einen ziemlich guten Teil, obgleich viele schlechte Sachen mit unterlaufen.

4) Unter den Schriftstellern des mittleren Zeitalters ist Zacharias Trevisanus, Roger Bacon und ein gewisser Namenloser, dessen Werk zum Titel hat: die Philosophen, sehr zu schätzen. Unter den neueren verdient Jean Fabre und Despagnet oder der Verfasser der wiederhergestellen Physik Hochachtung, ob er gleich, die Wahrheit zu sagen, in sein Buch einige falsche Vorschriften und irrige Meinungen mit eingemischt.

B. D. L. empfiehlt lediglich die Abhandlungen, die im Museum Hermeticum zu finden sind, und vor allem diejenige mit dem Titel Via Veritatis „obwohl es darin ebenso gut wie in den anderen eine verborgene Schlange gibt, die zunächst nicht versäumt, diejenigen zu beißen, die nicht darauf achten".

96) Wann kann ein Philosoph das Werk zu unternehmen wagen?

A: Wenn er durch Theorie aus einem ausgelösten Körper, vermittelst eines rohen Geistes, einen lauteren Geist zu ziehen weiß der wiederum mit dem Lebensöl vereinigt werden muss.

97) Erkläret mir deutlicher diese Theorie.

A: Um die Sache begreiflicher zu machen, ist dies das Verfahren: der Philosoph muss wissen, durch Hilfe eines vegetabilischen Auflösungsmittels, das mit einem mineralischen vereinigt worden, ein drittes wesentliches Auflösungsmittel, aufzulösen: mit diesen vereinigten dreien muss er die Erde waschen, und sie hernach zu einer himmlischen Quintessenz erheben, um daraus den schweflichten Blitz zu verfertigen, der in einem Augenblick die Körper durchdringt, und ihre Unreinigkeiten zerstört.

Diese Antwort ist genauso rätselhaft wie die vorhergehende. Um die Wunder einer einzigen Sache (des universellen Fluids) zu bewirken, muss man wissen, wie man den Körper auflöst, d. h. das Individuum dazu bringt, sich mit dem Leben des Ganzen zu verschmelzen. Der rohe Geist (der äußere Einfluss) kann dann den Geist herausziehen, der im körperlichen Gefängnis gereift ist. Doch diese Emanzipierung, dieser Initiationstod, ist nur vorübergehend, denn der veräußerlichte, losgelöste und sublimierte individuelle Geist beeilt sich, zu seinem Lebensöl zurückzukehren, nachdem er sich mit den höheren Tugenden vollgesogen hat.

Das vegetabile Auflösungsmittel ist die oben erwähnte Nahrungsfeuchtigkeit, d. h. der Merkur in seiner involutiven oder absteigenden Bewegung. Diese Feuchtigkeit wirkt auf die beiden anderen (die radikale und die elementare Feuchtigkeit) ein, um eine reinigende Zirkulation der Erdrinde zu bewirken. Da diese für das äußere Licht durchlässig gemacht wurden, kommt es zur Erleuchtung des Subjekts, und es kann die transmutative Kraft erlangen.

98) Wie wird in unsern maurerischen Unterweisungen auf diese himmlische Quintessenz angespielt.

A: Durch das Symbol des flammenden Sterns, welchen wir das Zentralfeuer und das belebende Feuer nennen.

99) Haben diejenigen, die sich des gemeinen Goldes zum Samen und des gemeinen Merkurius zum Auflösungsmittel oder zur Erde bedienen, in welche selbige gesät werden soll, eine vollkommne Kenntnis der Natur?

A: Nein, gewiss nicht, weil weder eins noch das andere das *agens externum* in sich enthält; das Gold nicht, weil es durch die Schmelzung desselben beraubt worden, und der Merkur nicht, weil er niemals etwas davon gehabt hat.

100) Wenn man aber diesen goldmachenden Samen anderswo als im Gold selbst sucht, läuft man nicht Gefahr eine Art von Ungeheuer hervorzubringen, da es scheint, dass man sich von der Natur entfernt.

A: Ohne Zweifel ist in dem Gold der goldmachende Same enthalten, und so gar vollkommner als in irgendeinem andern Körper: aber dieses nötigt uns nicht, uns des gemeinen Goldes zu bedienen, denn dieser Same findet sich gleichfalls in jedem andern Metalle, und dies ist nichts anders als das feuerfeste Korn, (grain fixe) das die Natur in die erste Gerinnung des Merkurs gelegt hat, indem alle Metalle einerlei Ursprung und einen gemeinsamen Stoff haben, wie es bei dem folgenden Grade diejenigen vollkommen einsehen werden, die sich würdig machen durch ihren Fleiß und Emsigkeit selbiges zu erhalten.

101) Was folgt aus dieser Lehre?

A: Sie zeigt uns, dass obgleich der Same vollkommner im Gold ist, man ihn dennoch viel leichter aus einem andern Körper als aus dem Gold selbst ziehen kann: der Grund davon ist, weil die andern Körper viel offener, das heißt, minder verdichtet und ihre Feuchtigkeit nicht so stark verschlossen ist.

102) Gebt mir ein Beispiel aus der Natur!

A: Das gemeine Gold gleicht einer Frucht, die zu einer vollkommnen Reife gelangt und vom Baum abgesondert ist, obgleich darin ein sehr vollkommner und fester Same ist, so würde doch, wenn jemand, um ihn zu vervielfältigen, selbigen in die Erde legt, viel Zeit, Mühe und Arbeit dazu gehören, um ihn bis zur Keimung zu bringen; aber wenn man stattdessen ein Pfropfreis oder eine Wurzel desselben Baums nähme und in die Erde setzte, würde man denselben in kurzer Zeit und ohne Mühe aufschießen und viele Früchte bringen sehen.

Ein wunderbarer Vergleich mit erstaunlicher Präzision, so St. de Guaita, der diese Passage unterstrich.

103) Ist es einem Liebhaber dieser Wissenschaft nötig, die Bildung der Metalle in den Eingeweiden der Erde zu kennen, um zur Verrichtung seines Werks zu gelangen?

A: Diese Kenntnis ist so notwendig, dass wenn man nicht vor jedem andern Studium sich darauf legte, und die Natur in allen Stücken nachzuahmen suchte, man niemals dazu kommen könnte, was Gutes zu machen.

104) Wie bildet denn die Natur die Metalle im Schoß der Erde, und woraus setzt sie selbige zusammen?

A: Die Natur setzt sie alle aus Schwefel und Merkur zusammen, und bildet sie durch den zwiefachen Dampf derselben.

105) Was versteht Ihr durch diesen zwiefachen Dampf, und wie können durch diesen zwiefachen Dampf die Metalle gebildet werden.

A: Um die Antwort wohl zu verstehen, muss man wissen, dass wenn der merkurialische Dampf sich mit dem Dampf des Schwefels in einem hohlen Ort vereinigt, wo sich ein salzig Wasser befindet, das ihnen zur Mutter dienet, sich zuerst der Naturvitriol bildet: zweitens aus diesem Naturvitriol erhebt sich durch die Erregung der Elemente ein neuer Dampf, der weder merkurialisch noch schweflich ist, aber von beiden etwas an sich hat; wenn dieser an Örter kommt, wo das Fett des Schwefels anhängt, vereinigt er sich mit demselben und aus ihrer Vereinigung bildet sich ein leimichtes Wesen oder ungestalte Masse, auf welche der in diesen hohlen Örtern ausgebreitete Dunst durch Hilfe des Schwefels, den er enthält, wirkt, und dadurch vollkommne Metalle hervorbringt, wenn der Ort und der Dunst rein, und unvollkommene, wenn im Gegenteil der Ort und der Dunst unrein sind; sie heißen unvollkommene oder nicht vollkommene, weil sie nicht ihre gänzliche Vollkommenheit durch die Kochung erhalten haben?

Das Vitriol der Natur ist eine klare Erde, ein Salz, in dem quecksilberhaltige und schwefelhaltige Geister kondensieren; es ist die lebendige Materie, aus der eine schwefel-mercurielle Flüssigkeit ausströmt, die sich mit anderen Emanationen verbinden kann, um die Palette der philosophischen Metalle zu bilden, aus denen jede Individualität besteht.

106) Was enthält dieser Dunst in sich?

A: Er enthält einen Geist des Lichts, und des Feuers von der Natur der himmlischen Körper, welcher eigentlich als die Form des Universums anzusehen ist.

107) Was bildet dieser Dunst ab?

A: Dieser von dem allgemeinen Geist also beschwängerte Dunst, der nichts anders, als der wahre flammende Stern ist, bildet sehr wohl das erste Chaos ab, welches alles dasjenige in sich verschlossen hielt, was zur Schöpfung nötig war, das heißt die universale Materie und Form.

Das ist es, was Hermes Wind nennt, der in seinem Bauch den Sohn der Sonne trägt.

108) Kann man denn nicht auch das gemeine Quecksilber zu diesem Verfahren brauchen?

A: Nein, weil, wie gesagt, das gemeine Quecksilber das agens externum nicht bei sich führt.

109) Wie wird dieses in der Maurerei angedeutet?

A: Durch das Wort Profan oder gemein, welchen Namen wir allen geben, welche zum maurerischen Werk nicht geschickt sind.

110) Woher kommts, dass das gemeine Quecksilber sein agens externum nicht bei sich führt?

A: Daher, weil bei dem Aufsteigen des zwiefachen Dampfs, die Erregung so groß und so innig ist, dass selbige den Geist oder das Agens verdunsten lässt, ungefähr so, wie es in der Schmelzung der Metalle geschieht, dergestalt, dass bloß allein der merkurialische Teil seines männlichen und schweflichten Agens beraubt, übrig bleibt, welches macht, dass selbiger niemals in Gold durch die Natur verwandelt werden kann.

111) Wie vielerlei Arten von Gold unterscheiden die Philosophen?

A: Dreierlei: das Astralgold, das Elementargold, und das gemeine Gold.

112) Was ist das Astralgold?

A: Das Astralgold hat seinen Mittelpunkt in der Sonne, die dasselbe durch ihre Strahlen zu gleicher Zeit mit ihrem Licht allen Wesen, die unter ihr sind, mitteilt: es ist eine feurige Substanz, und die beständig mit den Sonnenkörperchen ausfließt, welche alles Lebende, Wachsende und Mineralische durchdringen.

Es ist dieses Astralgold, das Eliphas Levi als Astrallicht bezeichnet und darin mit der Schule von Pascalis-Martinez übereinstimmt (Anmerkung von St. de Guaita).

113) Muss man in diesem Sinn die Sonne nehmen, die auf dem Gemälde der ersten Grade gezeichnet ist?

A: Allerdings: alle andere Auslegungen sind Schleier, um die philosophische Wahrheiten zu verhüllen, dass man sie nicht beim ersten Anblick wahrnehme, und seinen Geist und seine Betrachtungen daran übe.

114) Was versteht Ihr durch das Elementargold?

A: Es ist der reinste und unflüchtigste (fixe) Teil der Elemente und aller Substanzen, die daraus zusammengesetzt sind, so, dass alle sublunare Wesen der drei Reiche in ihrem Inneren ein köstliches Gran ihres Elementargoldes haben.

115) Wie wird dieses bei unsern Brüdern abgebildet?

A: So wie die Sonne im Gemälde das Astralgold bedeutet, so zeigt der Mond seine Herrschaft über alle Körper an, die unter ihm sind, und die in ihrem Innern den unflüchtigen Keim vom Elementargold enthalten.

116) Erkläret mir das gemeine Gold!

A: Es ist das schönste Metall, welches wir sehen, und welches die Natur hervorbringen kann, eben so vollkommen in sich, als unveränderlich.

117) Durch welche Symbole der königlichen Kunst wird selbiges angedeutet?

A: Durch die Kleinoden und Zierraten.

118) Von welcher Art von Gold ist der Stein der Philosophen?

A. Er ist von der zweiten Art, da er der reinste Teil von allen metallischen Elementen nach seiner Läuterung ist, und wird hernach das philosophische Queckgold. (Or vif)

119) Was bedeutet die Zahl vier im Großschottischen Ritus des heiligen Andreas von Schottland, als Ergänzung zu den Stufen der Freimaurer?

A: Außer dem vollkommenen Gleichgewicht und der vollkommenen Gleichheit der vier Elemente im physischen Stein bedeutet es vier Dinge, die man notwendigerweise tun muss, um das Werk zu vollenden, nämlich: Zusammensetzung, Veränderung, Mischung und Vereinigung, die, wenn sie nach den Regeln der Kunst durchgeführt werden, den rechtmäßigen Sohn der Sonne hervorbringen und den Phönix hervorbringen, der immer wieder aus seiner Asche aufsteigt.

120) Was ist eigentlich das Queckgold der Philosophen?

A: Es ist nichts anders als das Feuer des Merkurs, oder jede feurige Kraft, die in der Radikalfeuchtigkeit verschlossen ist, welcher dasselbe bereits die Festigkeit und Natur des Schwefels, wovon es herausgegangen, mitgeteilt hat: der Schwefel der Philosophen wird auch oft Merkur genannt, weil seine ganze Substanz merkurialisch ist.

121) Welchen andern Namen geben die Philosophen ihrem Queckgold?

A: Sie nennen es auch ihren lebenden Schwefel, oder ihr wahres Feuer, und es findet sich in jedem Körper, und kein Körper kann ohne dasselbe bestehen.

Der Verfasser von „La Lumièe sortant des Tèeres" sagt über das lebendige Gold, dass es nicht ohne Grund ist, dass die Philosophen ihm den Namen Gold gegeben haben, denn es ist wirklich Gold in Essenz und Substanz, aber viel vollkommener als das des gemeinen Menschen: Es ist ein Gold, das ganz Schwefel ist, oder vielmehr ein wahrer Schwefel des Goldes; ein Gold, das alles Feuer ist, oder vielmehr das wahre Feuer des Goldes, das nur in den Höhlen und philosophischen Minen entsteht; ein Gold, das von keinem Element verändert oder überwunden werden kann, da es selbst der Herr der Elemente ist; ein sehr festes Gold, in dem allein die Festigkeit besteht; ein sehr reines Gold, denn es ist die Reinheit selbst; ein allmächtiges Gold, denn ohne es verwelkt alles; ein Balsamgold, denn es bewahrt alle Körper vor der Fäulnis; ein tierisches Gold, die Seele der Elemente und der gesamten unteren Natur; ein pflanzliches Gold, das der Ursprung aller Vegetation ist; ein mineralisches Gold, denn es ist schwefelhaltig, quecksilberhaltig und salzhaltig; ein ätherisches Gold, denn es gehört zur eigenen Natur der Himmel und ist ein wahrer irdischer Himmel, verhüllt von einem anderen Himmel; schließlich ist es ein Sonnengold, denn es ist der legitime Sohn der Sonne und die wahre Sonne der Natur; es ist die Kraft, die die Elemente stärkt, deren Wärme die Geister belebt und deren Bewegung die ganze Natur bewegt; aus seiner Einwirkung entstehen alle Tugenden der Dinge, denn es ist der Einfluss des Lichts, ein Teil des Himmels, die untere Sonne und das Licht der Natur, ohne das selbst die Wissenschaft blind ist; ohne seine Wärme ist die Vernunft töricht; ohne seine Strahlen ist die Vorstellungskraft tot; ohne seine Einflüsse ist der Geist unfruchtbar, und ohne sein Licht bleibt der Verstand in ewiger Dunkelheit...

Das lebendige Gold der Philosophen ist nichts anderes als das reine Feuer des Quecksilbers, d. h. der leicht verdauliche und vollendete Teil des edelsten Dampfes der Elemente; es ist der feuchte Urgrund der Natur mit seiner angeborenen Wärme; es ist ein Licht, das mit einem vollkommen reinen ätherischen Körper bekleidet ist...

122) Wo muss man unser Queckgold oder unsern lebenden Schwefel und unser wahres Feuer suchen?

A: In dem Hause des Merkurs.

123) Wovon lebt dies Feuer?

A: Von der Luft.

124) Gebt mir ein Gleichnis von der Gewalt dieses Feuers.

A: Um jene Anziehung des inneren Feuers auszudrücken, kann man es mit nichts besser vergleichen als mit dem Blitz, der anfänglich nur eine trockne und indische Ausdünstung ist, die sich mit einem feuchten Dampf vereinigt, die aber, so wie sie sich erhebt, eine feurige Natur annimmt, auf das Feuchte, das ihr anhängt, wirkt, selbiges an sich zieht, und in seine Natur verwandelt, worauf sie mit Schnelligkeit zur Erde stürzt, wo sie von einem ihr ähnlichen fixen Wesen angezogen wird.

125) Was soll der Philosoph machen, nachdem er seinen Merkur herausgezogen?

A: Er soll ihn nach der Schulsprache zu reden, ex potentia in actum reduzieren.

126) Kann es die Natur nicht selbst tun?

A: Nein, weil sie nach einer ersten Sublimation still hält, und aus der also zubereiteten Materie die Metalle erzeugt.

127) Was verstehen die Philosophen unter ihrem Gold und unter ihrem Silber?

A: Die Philosophen geben den Namen des Goldes ihrem Schwefel, und den Namen des Silbers ihrem Merkur.

128) Wo nehmen sie dieselbe her?

A: Ich habe schon gesagt, dass sie beides aus einem homogenen Körper ziehen, wo es sich in Überfluss befindet, und woraus sie es durch ein bewunderungswürdiges und ganz philosophisches Mittel auszuscheiden wissen.

129) Wenn diese Operation gehörig geschehen, was soll man dann tun?

A: Man soll sein philosophisches Amalgam mit großem Fleiß machen, welches sich dennoch nicht tun lässt, bis man den Merkur sublimiert, und gehörig bereitet hat.

130) Zu welcher Zeit vereinigt Ihr Eure Materie mit dem Queckgold?

A: Nur in der Zeit, wenn man es amalgamiert, das will sagen, vermittelst dieses Amalgam, bringt man in selbiges den Schwefel, um sie zusammen zu einer Substanz zu machen, und durch den Zusatz dieses Schwefels wird das Werk verkürzt, und die Tinktur vermehrt.

131) Was enthält das Zentrum der Radikalfeuchtigkeit?

A: Es enthält und verbirgt den Schwefel, der mit einer harten Schale bedeckt ist.

132) Was muss man machen, um ihn zu dem großen Werk zu brauchen?

A. Man muss ihn aus seinen Kerkern mit viel Kunst und durch den Weg der Fäulnis ziehen.

133) Hat die Natur in ihren Mienen ein gehöriges Auflösungsmittel, das diesen Schwefel aufzulösen und zu befreien vermag?

A: Nein, weil er keine Lokalbewegung hat; denn könnte sie den metallischen Körper wieder auflösen, in Fäulnis dringen und reinigen, so gäbe sie uns selbst den physischen Stein, das heißt, einen erhörten und an Kraft vervielfältigten Schwefel.

134) Wie würdet Ihr mir durch ein Beispiel diese Lehre erklären?

A: Ebenfalls durch das Gleichnis einer Frucht oder eines Korns, welches wiederum in eine gehörige Erde gelegt wird, um da zu faulen und hernach sich zu vervielfältigen; der Philosoph nun, der das gute Korn kennt, zieht es aus seinem Mittelpunkt, wirft es in die dazu schickliche Erde, nachdem er es wohl geräuchert und zubereitet hat, und da verfeinert es sich dermaßen, dass seine Zeugungskraft sich ausdehnt, und ins Unendliche vervielfältigt.

135) Worin besteht dann das ganze Geheimnis in Ansehung der Saat?

A: In der genauen Kenntnis der Erde, die dazu tauglich ist.

136) Was versteht Ihr durch die Saat in dem Werk der Philosophen?

A: Ich verstehe die angeborene Wärme, oder den spezifischen Geist, der in der Radikalfeuchtigkeit eingeschlossen ist, oder, die Mittelsubstanz des Quecksilbers, die eigentlich der Same der Metalle ist, der die Saat in sich schließt, welche seinen Keim in sich enthält.

137) Wie befreit Ihr den Schwefel aus seinen Kerkern?

A: Durch die Fäulnis.

138) Welches ist die Erde der Mineralien?

A: Es ist ihr eigenes Menstruum.

139) Wofür muss der Philosoph sorgen, um den Vorteil daraus zu ziehen, den er verlangt?

A: Er muss sorgen, selbige von ihren stinkenden Dämpfen und unreinen Schwefel zu reinigen, nachdem wirft man den Samen hinein.

140) Welche Anzeige kann der Künstler haben, dass er auf dem rechten Wege zum Anfange seines Werks ist?

A: Wenn er sehen wird, dass zur Zeit der Auflösung, das Auflösungsmittel und die aufgelöste Sache unter derselben Form und Materie zusammen bleiben.

141) Wie vielerlei Auflösungen gibt es in dem philosophischen Werk?

A: Es gibt derselben drei, und eben deswegen wird diese Zahl für geheimnisvoll und ehrwürdig gehalten; die erste ist die Auflösung des rohen und metallischen Meers, durch welche er in seine Bestandteile des Schwefels und Quecksilbers zerlegt wird; die zweite ist die Auflösung des physischen Körpers; und die dritte der mineralischen Erde.

142) Wie kann man durch die erste Auflösung einen metallischen Körper in Merkur und Schwefel zerlegen?

A: Durch das verborgene künstliche Feuer, oder den flammenden Stern.[1)]

143) Wie geschieht diese Operation?

A: Indem man zuerst den Merkur oder den Dunst der Elemente auszieht, und nachdem man ihn gereinigt hat, sich desselben bedient, den Schwefel aus seinen Hüllen, durch den Weg der Fäulnis, deren Zeichen die Schwänze ist, zu befreien.

144) Wie geschieht die zweite Auflösung?

A: Wenn der physische Körper sich durch die zwei obgenannten Substanzen wieder auflöst, und die himmlische Natur bekommt.

145) Welchen Namen geben die Philosophen der Materie zu der Zeit?

A: Sie nennen sie ihr physisches Chaos, und alsdann ist sie der wahre erste Stoff, prima materia, der eigentlich nicht eher so genannt wird, als nach der Vereinigung des Männlichen, welches der Schwefel, und des Weiblichen, welches der Merkur ist.

146) Worauf bezieht sich die dritte Auflösung?

A: Sie ist die Befeuchtung der mineralischen Erde, und sie hat eine gänzliche Beziehung auf die Vervielfältigung (Multiplikation).

Die erste Lösung entspricht dem Tod, den der Eingeweihte freiwillig erleiden musste, um frei von weltlicher Sklaverei wiedergeboren zu werden.

Sie bewirkt, dass das Subtile vom Dickeren getrennt wird, die Seele nach außen tritt und der Geist von den Fesseln der Materie befreit wird.

Da sie nach außen getragen wird, wirkt die Spiritualität auf den Körper und vollzieht dessen Reinigung.

Die zweite Lösung bewirkt dann eine Art harmonische Verschmelzung der drei Prinzipien der Persönlichkeit.

Die gezähmte Animalität ist nichts anderes als der Triumphwagen der reinen Menschlichkeit.

Die dritte Lösung wird nun möglich.

Sie hat die Wirkung, das niedere Selbst mit dem höheren Selbst zu verbinden, das Subjekt vollständig zu erleuchten und es ihm zu ermöglichen, die Wunder des Einen zu vollbringen.

147) Muss man in diesem Sinn die Vervielfältigung nehmen, die in den maurerischen Zahlen gebräuchlich ist?

A: Ja, namentlich die Vervielfältigung der Zahl Drei in den bekannten Progressionen von 3, 9, 27 und 81.

---

1) Nie hat ein Alchimist so deutlich auf das Eingreifen des Elektromagnetismus in das Werk hingewiesen (symbolisiert durch das geheimnisvolle Pentagramm), ein Eingreifen, das nach der Verwendung eines ersten Auflösungsmittels erfolgt. (S. de G.).

148) Welches Feuers soll man sich in unserm Werk bedienen?

A: Des Feuers, dessen sich die Natur bedient.

„Dieses Feuer", so der Autor, auf den sich Baron de Tschoudy beruft, „ist in der ganze Natur verbreitet, denn ohne es kann sie nicht wirken, und überall, wo die vegetative Tugend bewahrt wird, ist auch dieses Feuer verborgen.

Dieses Feuer ist immer mit dem feuchten Urgrund der Dinge verbunden und begleitet ständig den rohen Samen der Körper; aber obwohl es so durch die ganze niedere Natur verbreitet und in den Elementen verstreut ist, bleibt es der Welt unbekannt, und seine Wirkungen werden nicht genügend beachtet."

149) Welche Gewalt hat dies Feuer?

A: Es löst alle Dinge in der Welt auf, weil es das Principium aller Auflösung und Verwesung ist.

"Es ist ein sehr roher Geist, ein Feind der Ruhe, der nur nach Krieg und Zerstörung verlangt."

150) Warum nennt man es auch Merkur?

A: Weil es von luftiger Natur, und ein sehr feiner Dampf ist, der jedoch etwas vom Schwefel an sich hat, woraus er einigen Schmutz angezogen.

151) Wo ist dies Feuer versteckt?

A: Es ist versteckt in dem Subjekt der Kunst.

152) Wer kann dies Feuer kennen und bilden?

A: Der Weise versteht dies Feuer anzumachen und zu reinigen.

153) Welche Macht und Eigenschaft hat dies Feuer in sich?

A: Es ist sehr trocken, und in einer beständigen Bewegung, und strebt nur die Dinge zu durchdringen, und es potentia in actum zu ziehen; dieses ist es, was, wenn es in den Mienen feste Örter antrifft, in Dunstgestalt über die Materie zirkuliert und sie auflöst.

Dieses Feuer bringt die Tiere dazu, sich zu vermehren; es ist die Ursache für das Wachstum der Pflanzen; es lässt die Blätter wachsen und die Früchte reifen; und schließlich ist es der Erzeuger der Mineralien.

154) Wie würde man dies Feuer leichter erkennen?

A: Durch die schweflichte Auswürfe, worin es verschlossen und durch den salzigen Überzug, womit es bekleidet ist.

155) Was braucht dies Feuer, damit es sich besser in das Weibliche einschleichen könne?

A: Wegen seiner äußersten Trockenheit hat es nötig, befeuchtet zu werden.

„La Lumièe sortant des Tèeres" drückt sich zu diesem Thema wie folgt aus: „Dieses Feuer, aufgrund seiner schwefeligen Trockenheit, verlangt nach Befeuchtung, um sich freier in das

feuchte weibliche Samenfluid einzufügen und es durch seine überschüssige Feuchtigkeit zu beeinflussen. Aufgrund seiner flüchtigen und trockenen Beschaffenheit ist es jedoch sehr schwer zu fassen, und es muss mit einem für diesen Zweck geeigneten Mittel aus lockerem Grund gefischt werden. Bei dieser Gelegenheit muss der Künstler die Sympathien der Dinge und ihre Eigenschaften genau kennen und sich mit der natürlichen Magie auskennen.

156) Wie vielerlei gibt es philosophische Feuer?

A: Es gibt drei Arten; diese sind, das natürliche, das unnatürliche und das widernatürliche.

157) Erklärt mir diese drei Arten von Feuer.

A: Das natürliche ist das männliche Feuer, oder das Hauptagens; das unnatürliche ist das weibliche oder das Auflösungsmittel der Natur, welches die Gestalt eines weißen Rauchs annimmt, und welches, wofern man nicht Acht darauf gibt, leicht verschwindet, und fast unbegreiflich ist, ob es gleich durch die philosophische Sublimation körperlich und leuchtend wird; das widernatürliche Feuer ist dasjenige, welches das zusammengesetzte zerlegt, und die Kraft hat, das, was die Natur stark verbunden hatte, zu zertrennen.

Natürliches Feuer ist das konstruktive innere Feuer, das das Wachstum und die Entwicklung von Lebewesen bewirkt. Es ist schwierig, es auf die Zwecke der Kunst anzuwenden, da es zu diesem Zweck notwendig wäre, es von seinen normalen Funktionen abzulenken, was sorgfältige Sorgfalt, beharrliches Studium und beharrliche Arbeit erfordert. Es ist nicht viel einfacher, das unnatürliche Feuer zu beseitigen, obwohl es äußerlich ist und wir es anziehen müssen, um unser Leben zu erhalten. Es ist das Feuer, das im Flammenden Stern erstrahlt. Was das unnatürliche Feuer betrifft, so ist es das transformierende Agens, das die verbrauchten Formen verzehrt, um sie zu erneuern.

158) Wo findet sich unsre Materie?

A: Sie findet sich überall, aber man muss sie vornehmlich in der metallischen Natur suchen, wo sie sich leichter findet, als anderswo.

159) Welche soll man allen andern vorziehen?

A: Die reifste, reineste und leichteste; aber man muss vornehmlich Acht geben, dass das metallische Wesen darinnen nicht bloß in potentia, sondern auch in actu sei, und dann, dass es einen metallischen Glanz habe.

Metalle, Planeten und Farben entsprechen der konstitutiven Siebenheit des Menschen. Der metallische Glanz weist auf das initiierbare Subjekt hin, bei dem sich das innere Licht durch äußere Hinweise manifestiert.

160) Ist alles in dieser Materie erschlossen?

A: Ja, aber man muss doch der Natur helfen, damit das Werk besser und geschwinder gemacht werde, und dies durch die Mittel, welche man in den andern Graden kennt.

161) Ist diese Materie von einem großen Wert?

A: Sie ist geringe, und hat anfänglich keinen Wert in sich, und wenn einige sagen, dass sie feil sei, so sehen sie auf die Gattung, aber im Grunde wird sie nicht verkauft, weil sie zu nichts als unserm Werk nützlich ist.

162) Was enthält unsere Materie?

A: Sie enthält das Salz, den Schwefel und den Merkur.

163) Welches ist die Operation, die man lernen muss.

A: Man muss lernen, das Salz, den Schwefel und Merkur eins nach dem andern herauszuziehen.

164) Wie geschieht dieses?

A: Durch die einzige und vollständige Sublimation.

Dieser Vorgang, der alle anderen zusammenfasst, führt zu einer fortschreitenden und vollständigen Reinigung der Materie.

165) Was zieht man zuerst heraus?

A: Man zieht zuerst den Merkur in Gestalt eines weißen Rauchs heraus.

Freisetzung dessen, was am subtilsten in uns ist, Externalisierung unserer psychischen Stärke, Steigerung einer verfeinerten Vorstellungskraft.

166) Was kommt nachdem?

A: Das feurige Wasser oder der Schwefel.

Entwicklung unserer aktiven Energie; unbeugsamer Wille in seiner Übereinstimmung mit der höchsten Vernunft.

167) Was muss man hernach machen?

A: Man muss ihn mit dem gereinigten Salze auflösen, zuerst das Feuerfeste verflüchtigen, und hernach das Flüchtige zu einer köstlichen Erde fixieren, welche das wahre Gefäß der Philosophen und aller Vollkommenheit ist.

Die philosophisch erhabene Seele flieht in keiner Weise vor dem Körper, dessen Reinigung vollzogen ist, sie verbindet sich im Gegenteil harmonischer denn je mit dem sublimierten Geist. So wird die Vollkommenheit des Steins der Weisen verwirklicht, die feste Erde, die ein Gefäß für die aktiven Tugenden ist, die die unerwartetsten Wunder bewirken können.

168) Könntet Ihr nicht die Grundsätze, die Formen, die Wahrheiten und die wesentlichen Charaktere sowohl der Wissenschaft der Philosophen, als des methodischen Verfahrens beim Werk auf einmal vor Augen legen, und gleichsam in einen Punkt vereinigen?

A: Ein lyrisches Stück von einem alten gelehrten Philosophen, der mit der Gründlichkeit der Wissenschaft das angenehme Talent, mit den Musen zu scherzen verband, kann in jedem Betracht Euer Verlangen befriedigen. Diese Ode, obgleich in Italienischer Sprache, malt unsere erhabenen Ideen mit den schönsten Farben, und verdient hier ihre Stelle.

Anstatt dieses bemerkenswerte Stück in den vorliegenden Text einzufügen, haben wir es vorgezogen, ihm ein eigenes Kapitel zu widmen, das sich an diesen Text abschließt.

169) Welche Zeit ist es, wenn der Philosoph seine Arbeit anfängt?

A: Tages Anbruch, denn er muss nie von seiner Tätigkeit ablassen.

170) Wenn ruht er aus?

A: Wenn das Werk zu seiner Vollkommenheit gekommen.

171) Welche Zeit ist er am Ende des Werks?

A: Hoch Mittag, das ist der Augenblick, wo die Sonne in ihrer größten Kraft ist, und das Kind dieses Gestirns in seinem glänzenden Lichte.

172) Welches ist das Wort der Magnesia?

A: Ihr wisst, ob ich auf die Frage antworten kann und soll. Ich bewahre das Wort.

173) Gebt mir das Wort zu den Zusammenkünften der Philosophen!

A: Fangt an, ich will Euch antworten.

174) Seid Ihr ein philosophischer Lehrling?

A: Meine Freunde und die Weisen erkennen mich dafür.

175) Welches ist das Alter eines Philosophen

A: Vom Augenblicke seiner Nachforschungen, bis zum Augenblick seiner Entdeckungen altert er nicht.

Wenn alle Katechismen so lehrreich wären, wie dieser, und wie die Katechismen der andern Grade dieser Gesellschaft, die ich dereinst dem Publiko mitzuteilen hoffe, wenn es diese Probe wohl aufnimmt; so ist zu glauben, dass man sich mehr befleißigen würde, der Fragen des Ordens eingedenk zu sein; aber die Trockenheit derselben ermüdet das Gedächtnis, verdirbt die Zeit und schreckt den Geist ab.

Man hat mit Fleiß alle Fragen und Antworten, die sich geradezu auf die eigentlich sogenannte Maurerei beziehen, oder die daraus abfließen, mit andern Buchstaben setzen lassen, damit sie denen, die der Sache kundig sind, mehr auffallen möchten; da der bloß philosophische Gegenstand, der in diesem Grade oder in der erhabenen unbekannten Philosophie enthalten ist, vielleicht von gleichem Nutzen für diejenigen sein kann, die nicht Maurer sind, da es viele Wissbegierige und Liebhaber der Wissenschaft gibt, die, ohne in den Grundsätzen der königlichen Kunst bewandert zu sein, sich auf die Erforschung der Natur legen: und in der Tat ist es das Vorrecht einer guten Sache allgemein gut für jedermann sein zu können, ohne dass diese oder jene zu einer besonderen Gesellschaft erforderliche Eigenschaft von der Teilnehmung daran ausschließen könnte.

Der Vorwurf, den man von allen Zeilen her der Maurerei gemacht hat, besteht darin, dass, da sie durch ihre Einrichtung die Menschen besser machen soll, es ungereimt sei, da sie ihre Kenntnisse gänzlich auf eine kleine Zahl von Wesen einschränkt, welche Kraft ihres Standes gehalten sind, daraus ein Geheimnis zu machen: dieser Vorwurf fällt ganz weg, wenn es wahr ist, dass die Wissenschaft der Maurer und ihr eigentlicher Endzweck die hermetische Philosophie sei, so wie man sie hier auseinandergesetzt.

Ich möchte mich für diese Wahrheit, vorausgesetzt, dass es eine wäre, nicht verbürgen, weil ich mir das Gesetz auferlegt, niemals meine besondere Meinung zum Entscheidungsgrunde anzunehmen, und weil es der Bescheidenheit eines jeden, der sich mit Schreiben abgibt, ohne ein System errichten zu wollen, geziemt, jedermann frei denken zu lassen, und etwa nur durch vernünftige Gründe der Unentschlossenheit derjenigen abzuhelfen, die sich bei ihm Rats erholen wollen.

Ich für mein Teil wünschte sehr, dass die Sache der Maurer wirklich die Entdeckung des großen Werks wäre: ich finde groß Wahrscheinlichkeiten dazu, und es ist ausgemacht, dass wenn man manches von dem, was man hohe Grade nennt, zergliedert, das Mystische der einen und die fabelhaften Einkleidungen der andern absondert, man selbige leichtlich auf die physische Spekulation ziehen könnte, von welcher sie im Grunde die Axiomen scheinen festsetzen zu wollen; ein einziges Beispiel beweist es: die falschen Spaltungen der Rosenkreuzer, mit der frommen, schwankenden, traurigen und glänzenden Zurüstung behandelt, womit man sie in gewissen Logen überladet, bieten dem Geist desjenigen, den man einweiht, nichts anders als die heilige Handlung, die in Büchern beschriebenen ehrwürdigen Geheimnisse dar, welche dieser Grad so zu sagen kopiert, und dies ist bei weitem der wahre Rosenkreuzer nicht mehr, so wie er in seinem sehr alten Ursprünge war; indessen würde derjenige, der ihn zergliedern und unter den Außenseiten den philosophischen Analogien genau nachgehen wollte, darin unfehlbar das feste Korn, wenn ich so sagen soll, von den Elementen der hermetischen Wissenschaft finden: und die Devise selbst der Maurer, die auf diesen Grad stolz sind, F. R. C. bedeutet nichts anders, als Fratres Roris Cocti.

Der Phönixgrad, den einige viel höher schätzen als er wert ist, kommt gänzlich darauf hinaus; das Tetragrammaton, das Stibium, das Pentacul sind angemessene Sinnbilder: falsche Lehrer fügen sehr falsche Rezepte hinzu, die in einer Art von Prozess, der zur Vervollkommnung des Spiesglases [Stibium] vorgeschrieben ist, enthalten sind; diese Irrtümer betrügen den Weisen nicht, dem es zukommt, sie zu berichtigen: es ist immer sehr schmeichelhaft für die Maurer, auf diese Eigenschaft Anspruch machen, und sich mit einem Titel schmücken zu können, der dem Geist Ehre macht, die Reinigkeit des Herzens ankündigt, und verständige Arbeiter versammelt, deren Zweck ist, der Menschheit zu helfen, und sie aufzuklären.

Eine alchemistische Ode

Im zweiten Band seines Flammenden Sterns, der 1766 erschien, gab uns Baron de Tschoudy einen Katechismus oder eine Anweisung für den Grad des Adepten oder erhabenen und unbekannten philosophischen Lehrlings, in dessen Verlauf er eine italienische alchemistische Ode wiedergibt, die seiner Meinung nach die Zusammenfassung der gesamten Wissenschaft der Philosophen darstellt. Dieses Gedicht stammt aus einem Werk, das 1686 und 1693 in Paris unter dem Titel „La Lumière sortant par Soi-mesme des Ténèbres, ou véritable théorie de la Pierre des Philosophes; écrite en Vers Italiens, avec un Commentaire; le tout traduit en François par B. D. L.“ veröffentlicht wurde.

In seiner Vorrede äußert sich der Kommentator wie folgt: “a mir also ein Manuskript eines anonymen, aber sehr kenntnisreich verfassten Autors in italienischer Sprache in die Hände gefallen ist, habe ich mir in dieser Zeit, in der die Dunkelheit über die ganze Erde verbreitet ist, vorgenommen, dieses neue Licht zu enthüllen und meinerseits alles beizufügen, was zum Verständnis und Erklärung dieses Manuskripts beitragen kann, so weit es mir möglich ist.

Was den Autor dieses Schreibens betrifft, so ist er mir nur durch sein Anagramm bekannt, aber es reicht aus, dass er den richtigen Weg gegangen ist und die Wahrheit der Natur entdeckt hat; Denn obwohl er erklärt, dass er das Werk nicht vollständig kennt, widerlegen die Dinge, die er sagt, seine vorgetäuschte Unwissenheit.”

Es erschien uns angebracht, die im 18. Jahrhundert angefertigte Übersetzung sorgfältig zu überprüfen, um in verschiedenen Punkten näher am Originaltext zu bleiben.[1]

Wir haben uns außerdem bemüht, uns in unserem eigenen Kommentar sehr kurz zu fassen.

Solche Schriften wollen studiert werden, und es wäre falsch, sie ihres rätselhaften Charakters zu berauben. Wir sind im Übrigen davon überzeugt, dass der aufmerksame Leser von unseren kurzen Hinweisen profitieren wird.

---

1) Diese Überarbeitung wurde uns von Herrn Pericle Maruzzi aus Ferrara erleichtert, dessen Nachforschungen über die Persönlichkeit des Dichters, der mit Marc-Antonio unterschreibt, erfolglos geblieben sind.

Für die wirklich Wissenden gibt es eine theoretische Diskussion über die Zusammensetzung des philosophischen Steins von Fra Marc-Antonio Crassellame Chinese. Zu Gunsten der wahren Weisen gibt es hier eine theoretische Diskussion über die Zusammensetzung des Steins der Weisen durch Bruder Marc-Antoine Crassellame Chinois.

Erster Gesang

I

Era dal Nulla uscito
Il tenebroso Chaos, Massa difforme
Al primo suon d'Onnipotente Labro:
Parea che partorito
Il Disordin l'havesse, anzi che Fabro
Stato ne fosse un Dio; tanto era informe,
Stavano inoperose
In lui tutte le cose,
E senza Spirto Divisor, confuso
Ogni Elemento in lui stava racchiuso.

Auf den ersten Laut der allmächtigen Lippe war es aus Nichts hervorgegangen, das düstere Chaos, eine Masse, so gestaltlos, so verworren, dass die Unordnung selbst es geboren zu haben schien, obgleich ein Gott dasselbe hervorgebracht; unwirksam lagen alle Dinge in ihm, und ohne den scheidenden Geist ruhte jedes Element gemischt in ihm verschlossen.

Das Nichts, aus dem das Alles hervorgeht, kann nur eine Abstraktion des Geistes sein; es ist der dimensionslose mathematische Punkt, der in der Potenz alles einschließt, was sich in der Realität manifestieren soll. Jeder Mikrokosmos geht aus einem Samen oder Keim hervor, dessen expansive Energie in einem immateriellen Zentrum liegt, von dem die konstruktive Wirkung des Individuums ausgeht, genau wie die schöpferische Kraft im Makrokosmos. Das dunkle Chaos entspricht der Urmaterie der Weisen, die alle Möglichkeiten in sich birgt, aber leblos ist, solange die koordinierende Arbeit nicht begonnen hat.

II

Hor chi ridir potrebbe
Come formossi il Ciel, la Terra, e 'l Mare

Si leggieri in lor stessi, e vasti in mole ?
Chi può svelar com'hebbe
Luce, e moto lassù, la Luna e 'l Sole
Stato, e Forza quaggiù quanto n'appare ?
Chi mai comprender, come
Ogni cosa hebbe nome,
Spirito, quantità, legge e misura
Da questa Massa inordinata e impura ?

Wer kann es sagen, wie sich der Himmel, die Erde, das Meer so leicht an sich selbst, so mächtig in ihrer Größe gebildet? Wer kann es einhüllen, wie dort oben der Mond und die Sonne Licht und Bewegung empfingen, wie hienieden Stand und Form in allem, was da ist, hervorging: wer jemals begreifen, wie jedwedes Ding von jener ungeordneten, unreinen Masse, Name, Geist, Gesetze, Größe und Maßerhielt.

Das Licht, das das Chaos auflöst, ist keine physische Strahlung, sondern rein geistig und manifestiert sich nur durch seine Wirkung. Es ist die konstruktive Intelligenz, die koordinierende Vernunft, die sich mit dem göttlichen Wort verbindet, von dem es heißt: In Principio erat Verbum.

Dieses Prinzip, in dem das Wort war, stellt hier das einzige, aber allgegenwärtige Zentrum dar, von dem die schöpferische Tätigkeit immerwährend ausgeht. Mit diesem Zentrum sind alle Geschöpfe verbunden, die ihr Leben und ihre Intelligenz von ihm erhalten.

Der Ternär Himmel, Erde und Meer bezieht sich auf den Geist und den Körper, die durch die Seele miteinander verbunden sind.

Die Sonne steht andererseits für das Licht des Geistes und der Mond für das Licht der Seele. Beide sind an der Entwirrung des Chaos beteiligt, das durch das Wort Gestalt annimmt, das sich verkörpert, indem es ein Zentrum der Individualisierung hervorbringt. Innerhalb der unübersichtlichen Masse bildet sich so ein eigenständiges Wesen, das durch den ihm zugeteilten Namen gekennzeichnet ist.

Ein besonderer Geist belebt dieses Wesen, um seine Entwicklung zu leiten: Es ist das Prinzip, das die Alchemisten ihren Schwefel nennen 🜍.

Da der Wirkungsbereich (Salz 🜔) dieses Wesens begrenzt ist, ist es durch diese Tatsache auch quantitativ bestimmt. Außerdem kann es nur nach dem Gesetz seiner Art handeln und sich entwickeln. Schließlich wird ihm ein Maßauferlegt, denn sein Wachstum ist nicht unbegrenzt, und wenn es existiert, dann nur im Hinblick auf die besondere Funktion, die es in dem Ganzen, dessen Teil es ist, erfüllen soll.

III

O del Divino Hermete
Emoli Figli a cui l'Arte paterna
Fà, che Natura appar senza alcun velo,
Voi sol, sol voi sapete
Come mai fabric'ô la Terra, e'1 Cielo
Da l'indistinto Chaos la Mano eterna.
La grande Opéra vostra
Chiaramente vi mostra,
Che Dio nel modo istesso, onde è produtto
Il Fisico, compose Elissir il Tutto.

O ihr, des sittlichen Hermes nacheifernde Söhne, denen die väterliche Kunst die Natur unverschleiert erscheinen lässt, ihr allein, nur ihr wisst, wie einst den Himmel und die Erde aus dem ordnungslosen Chaos die Hand des Ewigen baute. Euer großes Werk zeigt euch klar, dass Gott auf eben die Art, wie das physische Elixier hervorgebracht wird, das Ganze zusammengesetzt habe.

Da die Operationen des Großen Werkes die aufeinanderfolgenden Phasen der Schöpfung nachbilden, muss der Künstler sich bemühen, Gott „nachzuahmen". Vor allem muss er sein Chaos erhalten (die Materie, die in sich alles enthält, was für die Vollendung des Werkes notwendig ist), das dann schrittweise durch eine vorherige Trennung des Feinstofflichen vom Groben koordiniert werden muss (Erschaffung von Himmel und Erde). Außerdem ist es unerlässlich, ein Firmament zu errichten, das die unteren von den oberen Wassern trennt, um die Person zu isolieren und sie zu zwingen, an sich selbst zu arbeiten und ihre eigenen Ressourcen zu entfalten. Nicht weniger wichtig ist es, das diffuse Licht in einem festen Brennpunkt zu konzentrieren, der der Sonne entspricht (Schwefel 🜍, Zentrum der Initiative und des individuellen Handelns), und dann die verstreuten Reflexionen mit Hilfe eines wandernden und sich verädernden Sterns analog zum Mond zu sammeln (Quecksilber ☿, Empfänglichkeit, Empfindlichkeit gegenüber äußeren Einflüssen).

IV

Mà di ritrar non vaglio
Con debil penna un Paragon si vasto,

Io non esperto ancor Figlio de l'Arte, Se ben certo bersaglio
Scoprono al guardo mio le vostre Carte, Se ben m'è noto il provido Illiasto:
Se ben non m'è nascosto
Il mirabil Composto,
Per cui Voi di potenza havete estratto
La purità degli Elementi in Atto.

Aber ich vermag nicht mit der schwachen Feder einen so unabsehlichen Vergleich zu ziehen, ich, ein noch unerfahrener Sohn der Kunst, obgleich eure Urkunden ein gewisses Ziel meinem Blick entdecken, obwohl mir der vorsorgende Illiastus bekannt, obwohl der wunderbare Stoff mir nicht verborgen ist, durch welchen ihr die Reinigkeit der Elemente aus der Möglichkeit in die Wirklichkeit gebracht habt.

Unter Illiastus ist Hyle oder die chaotische Materie zu verstehen. Diese muss in ihre Elemente zerlegt werden, damit jedes Element einzeln gereinigt werden kann, bevor sie in einem neuen philosophischen Chaos zusammengeführt werden, das durch die „bewundernswerte Verbindung“ des Dichters dargestellt wird.

V

Se ben da me s'intende,
Ch'altro non è vostro Mercurio ignoto,
Che un vivo spirto universale innato.
Che dal Sole discende
In aëreo vapor sempre agitato
Ad empier de la Terra il Centro voto.
Che di qui poi se n'esce
Tra solfi impuri, e cresce
Di volatile in fisso, e presa forma
D'humido radical se stesso informa.

Obwohl ich einsehe, dass euer unbekannter Merkur nichts anders ist, denn ein lebendiger, allgemeiner, eingeborener Geist, der in einem luftigen immer regen Dunst von der Sonne herabsteigt, das leere Centrum der Erde zu erfüllen, der hierauf von dannen unter unreinen Dämpfen herausfährt, aus einem Flüchtigen in ein Festes zusammen wächst, und nach angenommener Gestalt sich zum Radicalsaft umbildet.

Der Merkur ☿ ist eine Emanation des universellen motorischen Zentrums (okkulte Sonne ☉). Er durchdringt alle Dinge, um sie in die vibrierende Bewegung zu versetzen, aus der das Leben resultiert. Im Zentrum jeder

Individualität trifft er auf Schwefel 🜍 („verwirklichendes Feuer“, die Energie der individuellen Ausdehnung); aber er gerät nicht in Konflikt mit diesem Prinzip, das umgekehrt wirkt (zentrifugal statt zentripetal), sondern verbindet sich eng mit seinem Gegenteil, um die besondere Lebensflüssigkeit des Individuums hervorzubringen.

Diese Flüssigkeit ist nichts anderes als der Merkur ☿, der um den individuellen Kern herum fixiert ist, also der Äther, der durch die Akkumulation der aufeinanderfolgenden Wellen der kosmischen Strahlung kondensiert wurde.

Diese fluidische Kondensation entspricht dem radikalfeuchten, d. h. dem ersten Feuchtigkeitsspeicher, der mit dem Keim oder der Wurzel allen Seins verbunden ist, der Quecksilberfeuchtigkeit, die dazu bestimmt ist, vom individuellen Feuer (Schwefel 🜍) verdampft zu werden, um sie zu verarbeiten.

VI

Se ben io sô, che senza
Sigillarsi di Verno il Vaso Ovale
Non si ferma in lui mai vapore illustre,
Che, se pronta assistenza
Non hà d'occhio Linceo, di Mano industre
More il candido Infante al suo Natale;
Che più nol ciban poi
I primi hum or i suoi,
Come l'Huom, che ne l'utero si pasce
D'impuro sangue, e poi di Latte in fasce.

Obwohl ich weiß dass ohne das ovale Gefäß hermetisch zu versiegeln, der lichte Dunst sich nie in selbigem festhalten lässt, dass wenn nicht schleuniger Beistand eines Luchsauges, einer gewandten Hand dazu kommt, das glänzende Kind in seiner Geburt stirbt, weil seine ersten Säte dann es nicht mehr nähren; wie der Mensch, der in der Mutter von unreinem Blut sich nährt, und danach von Milch in den Windeln.

Das philosophische Ei muss durch das Zusammenziehen der äußersten Hüllen hermetisch abgedichtet werden. Die innere Arbeit kann so im Verborgenen stattfinden, d. h. unter den Bedingungen der Isolation, die für die Reifung des Subjekts unerlässlich sind. Es muss sich aus eigener Kraft und nach den Gesetzen seines besonderen Werdens entwickeln. Wenn die Individualität jedoch so weit gefestigt ist, dass sie in ein streng autonomes Leben eintritt (Geburt), darf sie nicht sich selbst überlassen werden. Alles Lernen findet unter der Leitung eines Lehrers statt. Aber wie viel Weitsicht (Luchsaugen) und kluges Urteilsvermögen erfordert die Erziehung eines Wesens, das durch keinen fremden Einfluss verzerrt werden darf, damit es ganz es selbst bleibt, während es nach und nach alle seine schlummernden Möglichkeiten entfaltet!

VII

Se ben sô tanto; pure
Hoggi in prova con voi d'uscir non oso,
Che anche gli errori altrui dubbio mi fanno.
Ne la vostra pietà luogo non hanno,
Voi togliete a l'Ingegno il cor dubbioso.
Se'l Magisterio vostro
Distintamente io mostro
In questi Fogli miei, deh fate homai,
Che sol legga in risposta: Opra che'l sai.

Obwohl ich so viel weiß wage ich's doch nicht heute zum Wettstreit mit euch aufzutreten, denn anderer Irrtümer machen mich zweifelhaft. Aber wenn grämliche Mißgunst in eurer Freundschaft keinen Raum findet, so benehmt dem Genie die Bedenklichkeit. Wenn ich euer Magisterium in diesen meinen Blättern deutlich zeige, wohlan, so lasst mich bloß zur Antwort lesen: arbeite, denn du weist's.

Um sich in der Theorie zu bilden (Lernen, erster Grad der Einweihung), darf man sich nicht damit begnügen, die Lehren anderer, die alle mehr oder weniger mit Fehlern behaftet sind, in seinem Gedächtnis anzuhäufen. Der wahre Schüler der Wissenschaft muss es schaffen, die Wahrheiten, die sich auf dem Grund des hermetischen Brunnens verbergen, selbst zu entdecken. Wer glaubt, dass ihm dies gelungen ist, kann sich nach Ermutigung durch die Meister an die Praxis wagen (Gesellenschaft, zweiter Grad der Einweihung).

Es ist zu beachten, dass unser Gedicht in drei Gesänge unterteilt ist, die dem Ternar der Initiationsgrade entsprechen und jeweils sieben, acht und zehn Strophen umfassen. Das oben Gesagte gilt also für die intellektuelle Vorbereitung des Subjekts, für die geistige Schulung des zukünftigen Adepten. Dann wird er sorgfältig vor falschen Vorstellungen gewarnt, die ihn für immer von der Verwirklichung oder dem wahren philosophischen Werk abhalten könnten. Daher lesen wir zu Beginn des zweiten Gesangs:

Dass das Quecksilber und das Gold des Vulgären nicht das Gold und das Quecksilber der Philosophen sind und dass im Quecksilber der Philosophen alles ist, was die Weisen suchen.

Hier berühren wir die Praxis der ersten Operation, der sich der erfahrene Arbeiter widmen muss.

Zweiter Gesang

I

Quanto s'ingannan mai gli Huomini ignari
De l'Hermetica scola,
Che al suon de la parola
Applican sol consentimenti avari:
Quindi à i Nomi volgari
D'argento vivo, e Oro
S'accingono al Lavoro,
E con l'Oro comune à foco lento
Creden fermare il fuggitivo Argento.

Wie sehr betrügen sich die Menschen, die der hermetischen Wissenschaft unkundig sind. Sie verbinden mit den Tönen der Worte bloß ihre gierige Gesinnungen: sie nehmen die gewöhnlichen Namen von Gold und Mercurius buchstäblich; sie wagen sich an die Arbeit, und glauben mit dem gemeinen Gold bei langsamen Feuer das flüchtige Silber zu fesseln.

Die Alchemie ist ein großes System von Allegorien; wer den Schlüssel dazu nicht kennt, sollte sich von jeglicher Praxis fernhalten. Vor allem in diesem Bereich ist es so, dass der Buchstabe tötet und der Geist allein belebt.

Das philosophische Gold ist ein Schatz, dessen Wert absolut ist und nicht nur konventionell, wie der Wert dessen, was wir als Edelmetalle bezeichnen. Der Adept, der Gold herstellt, wird spirituell reich sein und sich nicht um die Güter kümmern, die die Begierde des gemeinen Mannes wecken.

II

Mà, se à gli occulti senti apron la mente,
Ben vedon manifesto,
Che manca, e a quello, e a questo

Quel foco universal, ch'è spirto agente.
Spirto che in violente
Fiamme d'ampia fornace
Abbandona fugace
Ogni mettal, che senza vivo moto
Fuor de la sua miniera è corpo immoto.

Öffnete sich aber ihr Verstand dem versteckten Sinne, so würden sie offenbar sehen, dass dem einen sowohl als dem andern, dem gemeinen Quecksilber sowohl als dem gemeinen Gold, jenes Universalfeuer fehlt, das ein wirksamer Geist ist, ein Geist, der in gewaltsamer Flamme schnell jedes Metall im Ofen verlässt, welches ohne lebendige Bewegung außer seiner Mine ein toter Körper ist.

Die Weisen hüten sich davor, an Körpern zu arbeiten, die des Lebens beraubt sind. Die Metalle, an denen sie interessiert sind, sind im Wesentlichen lebendig, sie sind lediglich Modalitäten des universellen vitalen Agens. Gold, Silber, Quecksilber, Kupfer, Eisen, Zinn und Blei sind in der Hermetik nur als Symbole für die subtilen Entitäten zu betrachten, auf die die Adepten zu wirken vorgeben.

III

Altro Mercurio, altro Oro Hermete addita:
Mercurio humido, e caldo,
Al foco ogni hor più saldo.
Oro, ch'è tutto foco, e tutto vita.
Differenza infinita
Non fia chor' manifesti
Da quei del Volgo questi?
Quei, corpi morti son, di spirto privi
Questi, Spirti corporei, e sempre vivi.

Ganz anderes Gold, ganz andern Merkur versteht Hermes hierunter: einen feuchten und warmen Merkur, der im Feuer immer fester wird; Gold, das ganz Feuer und ganz Leben ist. Unendlicher Unterschied zwischen diesen Wesen und jenen, die der Profane meint, wirst du dich nun erst offenbaren? Jene sind tote, geistlose Körper; diese körperliche und immer lebende Geister.

Man kann sich den Merkur der Weisen nicht besser vorstellen als in Form einer dampfenden Feuchtigkeit, die durch eine in ihrer Gesamtheit diffuse Hitze bis zum Äußersten gedehnt wird. Es hat nichts mit dem gewöhnlichen Quecksilber gemein, aber es ähnelt ihm in seiner Beweglichkeit, denn es ist immer in Bewegung. Gewöhnliches Quecksilber durchdringt darüber hinaus das Gewebe, mit dem es in Berührung kommt, und das erinnert an die wesentliche Eigenschaft des philosophischen Quecksilbers, die eben darin besteht, dass es sich überallhin einschleicht, bis in das Zentrum aller Dinge selbst. Was das hermetische Gold betrifft, so bezieht es sich auf die Fixierung des Lebensfeuers. Es ist kostbarer als alle Schätze, die den Geizigen lieb und teuer sind.

IV

O gran Mercurio nostro, in te s'aduna Argenté e Oro estratto
Da la potenza in atto,
Mercurio tutto Sol, Sol tutto Lima,
Trina sostanza in una,
Una, che in tre si spande:
O meraviglia grande!
Mercurio, Solfo e Sal, voi m'apprendete
Che in tre sostanze voi sol una siete.

O du unser großer Merkur, in dir vereinige sich die Quintessenz von Gold und Silber: Merkur ganz Gold, Gold ganz Silber: dreifaches Wesen in einem; Einheit, die sich dreifach äußerst. O großes Wunder! Merkur, Schwefel und Salz, ihr lehret mich, dass ihr in drei Wesen nur eins seid.

Das Gold ☉, das von der Potenz in die Tat gezogen wird, ist das universell wirkende Lebensfeuer, also das Wort, betrachtet in seiner lebensspendenden Ausstrahlung.

Es verbindet sich mit dem Silber ☾, d. h. mit der flüssigen, vitalisierbaren Substanz, um das große Agens des Werkes der Philosophen zu bilden, ihr Quecksilber ☿, ohne das sie nichts anfangen könnten. In diesem Merkur sammelt sich die Lebensenergie mit hoher Spannung, weshalb man sagt, er sei ganz Sonne. Aber er ist substanziell und nicht abstrakt: Er erfüllt den Raum, und darin ist er ganz Mond.

Es ist das universelle lebendige Licht, dem alle Existenz entspringt.

Wenn nun dieses Licht in seinem Wesen notwendigerweise eins ist, so zeigt es sich uns nur unter dem dreifachen Aspekt, der dem ternären Merkur ☿, Sulfur 🜍 und Salz ⊖ entspricht.

V

Mà dove è mai questo Mercurio aurato,
Che sciolto in Solfo, et Sale,
Humido radicale
De' i mettalli divien, seme animato?
Ah ch'egli è imprigionato
In carcere si dura,
Che per fin la Natura
Ritrar nol puo da la prigione alpestra,
Se non apre le vie l'Arte Maestra.

Aber wo ist er denn, dieser goldne Merkur, der in Salz und Schwefel aufgelöst, zur Radikalfeuchtigkeit, zum belebten Samen der Metalle wird? Ach, er ist in so harten Kerkern eingeschlossen, dass ihn die Natur vorerst aus seinen Felsenbanden nicht befreien kann, wofern die Meisterkunst ihm nicht den Weg eröffnet.

Um die volle Bedeutung dieser Strophe zu erfassen, sollte der Leser unbedingt auf die Abbildung auf Seite 35 und den dazugehörigen erklärenden Text zurückgreifen. Wenn er mit der Theorie, die in unserer Abbildung dargestellt ist, vertraut ist, wird er keine Schwierigkeiten haben zu verstehen, wie Quecksilber ☿ – das allgegenwärtige Fluid, passiv belebt, aber durch den Reiz, den es aus einem Zentrum der Individualisierung erhält, goldhaltig ☿, aktiv belebend wird – sich in Salz ⊖ (eine animische Substanz, die Formen erzeugt, eine Art plastischer Vermittler) und Schwefel 🜍 (individuelle vitale Glut) auflösen kann. Die Radikalfeuchtigkeit, die in der Hermetik von größter Bedeutung ist, ist nicht nur die Vitalität, die in jedem Keim konzentriert ist, sondern auch die Gesamtheit der latenten Potenziale, die im Innersten des Wesens zurückgehalten werden, wo sie wie in einem strengen Gefängnis schmachten, bis die Einweihungskunst sie befreit und ihnen erlaubt, sich ohne Zwang in ihrem ganzen Ausdehnungsvermögen zu entfalten.

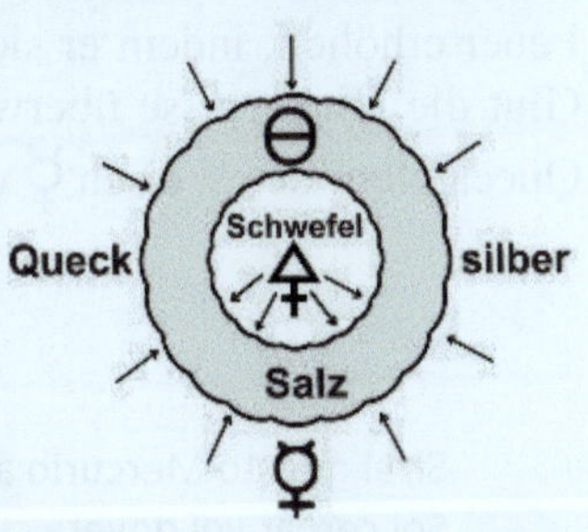

VI

L'arte dunque, che fa? Ministra accorta
Di Natura operosa
Con-fiamma vaporosa,
Purga il sentiero, e a la prigion ne porta,

Che non con altra scorta,
Non con mezzo migliore
D'un continuo calore,
Si soccorre à natura, ond'ella poi
Scioglie al nostro Mercurio i ceppi suoi.

Was tut denn nun die Kunst? Als eine vorsichtige Dienerin der wirksamen Natur reinigt sie mit dunstender Flamme den Pfad, und dringt ins Gefängnis ein, denn mit keinem besseren Gefolge, mit keinem besseren Mittel kann man die Natur unterstützen, als mit anhaltender Wärme; und so entledigt sie hernach unsern Merkur von seinen Fesseln.

Die hermetische Kunst bemüht sich, die Hüllen, die das innere Agens (Schwefel 🜍) von seiner äußeren Wirkungsquelle (Quecksilber ☿) isolieren, durchlässig zu machen. Dies gelingt durch die initiatischen Reinigungen, deren Ziel es ist, die individuellen Energien zu befreien, die unter dem drückenden Gewicht einer widerspenstigen Materialität begraben liegen.

Um in diesem Werk der Emanzipation erfolgreich zu sein, ist es jedoch wichtig, dass auf den Betroffenen eine sanfte, ununterbrochene Wärme einwirkt. Er muss ihn unmerklich durchdringen und nach und nach das vitale Feuer erhöhen, indem er sich mit ihm verbindet. Auf diese Weise kann diese Glut die Hindernisse überwinden, die dazu neigen, sie zu ersticken, und das Quecksilber der Weisen ☿ wird sich von seinen Fesseln befreien.

VII

Si, si questo Mercurio animi indotti
Sol cercar voi dovete,
Che in lui solo potete
Trovar ci'6 che desian gl'Ingegni dotti.
In lui già son ridotti
In prossima potenza
E Luna, e Sol, che senza
Oro, e Argento del Volgo, uniti insieme
Son de l'Argento, e l'Oro il vero seme.

Ja, ja, ungeweihte Seelen, nur diesen Merkur müsst ihr suchen, in ihm allein könnt ihr finden, was die Weisen sich wüschen, er enthält in der wirksamsten Kraft beides, Gold und Silber; denn ohne das Gold und Silber Profanen ist der wahre Same des Goldes und Silbers in ihm vereinigt.

Der Adept verfolgt ein Lebenswerk. Die toten Stoffe, deren Reaktionen der Chemiker beobachtet, sind ihm gleichgütig.

Der Weise wirkt auf das vitale Prinzip (Merkur ☿), durch das in der Natur alle Transmutationen stattfinden.

Diese entsprechen den Evolutionsphasen, die der Keim, der unter Bedingungen befruchtet wurde, die für die Entfaltung seiner latenten Potenziale günstig sind, zwangsläufig durchläuft.

Dieser Keim wird dann zum Ausgangspunkt, zum Grundstein oder kubischen Stein eines oft sehr komplexen Prozesses lebenswichtiger Konstruktion.

Konstruktive Energie manifestiert sich dabei in einem dualen Aspekt, symbolisiert durch den Mond ☾ (Organisation, Formbestimmung, Sensibilität) und die Sonne ☉ (Ausdehnung, Wachstum, Aktivität).

VIII

Pur ogni seme inutile, si vede,
Se incorrotto, e integro
Non marcisce, e vien negro.
Al generar la corruttion précède.
Tal Natura provede
Ne l'opre sue vivaci,
E noi di lei seguaci,
Se non produr' aborti al fin vogliamo,
Pria negreggiar, che biancheggiar dobbiamo.

Doch sieht man, dass jeder Same unnütz ist, wenn er ganz, und unverweset nicht modert und schwarz wird. Die Verwesung geht der Zeugung voran, so verfährt die Natur in ihren lebendigen Wirkungen, und wir, ihre Nachahmer, müssen, wenn wir keine unreife Geburt hervorbringen wollen, vorher schwätzen, ehe wir weißmachen.

Die Initiation strebt danach, den in der Materie gefangenen Geist zu befreien. Dies kann nur erreicht werden, indem die Hüllen aufgelöst werden, die ihre undurchsichtige Dicke zwischen den Fokus der individuellen Initiative (Schwefel 🜍) und seine äußere Wirkungsquelle (Quecksilber ☿) legen; Dieser Auflösung entspricht der Initiationstod (die Schwärze), den man durchlaufen muss, um zu dem neuen Leben wiedergeboren zu werden, das dem Eingeweihten versprochen wurde (die Weiß).

Unerfahrenen Alchemisten wird hier geraten, von ihren sophistischen Operationen Abstand zu nehmen, die alle im Widerspruch zu denen stehen, die die wahre Philosophie für die Herstellung der großen universellen Medizin lehrt.

Dritter Gesang

I

O voi, che à fabricar l'Oro per Arte
Non mai stanchi trahete
Da continuo carbon fiamme incessanti,
E'i vostri misti in tanti modi, e tanti,
Hor fermate, hor sciogliete,
Hor tutti sciolti, hor congelati in parte.
Quindi in remota parte
Farfalle affumicate, e notte, e giorno
State vegliando à stolti fochi interne.

O ihr, die ihr, um Gold durch Kunst zu bereiten, beständiges Feuer übermüdet mit Kohlen nährt, und eure mannigfaltige Mischungen bald fixiert, bald verflüchtige, bald wieder ganz auflöst, bald zum Teil gerinnen lasset; doch endlich nur Schmetterlinge räuchert, und töricht Tag und Nacht beim Feuer wacht!

Die Alchemie der Eingeweihten führt zu keinen Operationen im Labor. Jeder kann es ohne die geringsten metallurgischen Utensilien und ohne Kostenaufwand durchführen. Der ärmste Philosoph, auch wenn er nichts hat, besitzt dennoch in sich selbst alles, was zur Vollendung des Großen Werkes notwendig ist.

II

Da l'insane fatiche homai cessate
N'e più cieca speranza,
Il credulo pensier col fumo indori.
Son l'opre vostre inutili sudori,
Ch'entro squallida stanza
Sol vi stampan sul volto hore stentate.
A che fiamme ostinate?
Non carbon violento, accesi faggi,
Per l'Hermetica Pietra usan i Saggi.

Lass doch endlich von euren sinnlosen Bemühungen ab, und lasst blinde Hoffnung nicht weiter eure leichtgläubigen Gedanken mit Rauch vergolden. Eure Arbeit ist unnütz, umsonst euer Schweiß umsonst der Gram, den verlorene Stunden im schmutzigen Gemach euch auf die Stirne prägen. Wozu hartnäckige Flammen? Nicht Kohlenglut, nicht lichte Lohe brauchen die Weisen zum hermetischen Stein.

Die Herstellung des Steins der Weisen führt lediglich zu einer rein philosophischen Arbeit. Der hermetische Philosoph ist ein Arbeiter des Denkens und des Willens; ihm sind die materiellen Manipulationen des gewöhnlichen Bläsers fremd, dessen Intelligenz sich nicht für die Wahrheiten der Einweihung geöffnet hat. Diese entsprechen einer Esoterik, die durch Symbole übersetzt wird, die der alten Metallurgie entlehnt sind. Aber das Werk der Weisen unterscheidet sich ebenso sehr von der täglichen Arbeit der Raffinerie- oder Gießereiarbeiter wie die rein intellektuelle und moralische Konstruktion der modernen Freimaurer von der professionellen Arbeit ihrer mittelalterlichen Vorgänger, den Freimaurern, Erbauer der Kathedralen.

III

Col foco, onde sotterra al tutto giova
Natura, Arte lavora,
Che immitar la Natura Arte Sol deve:
Foco che è vaporoso, e non è levé,
Che nutre, e non divora,
Ch'è naturale, e l'Artificio il trova,
Arrido e fà, che piova;
Humido, e ogni hor dissecca, acqua che stagna,
Acqua che lava i corpi, e man non bagna.

Mit dem Feuer, wodurch unterirdisch die Natur alles bereitet, arbeitet die Kunst, (denn bloß der Natur muss die Kunst nachahmen:) ein Feuer, das aus Dünsten besteht, und doch nicht leicht ist, welches nährt und nicht verzehrt, natürlich ist und doch durch Kunst gefunden wird, trocken ist und Regen verursacht, feucht ist und immer trocknet, ein stehendes Wasser, ein Wasser, das die Körper wäscht und die Hand nicht netzt.

Jede Initiationshandlung beruht auf der Herrschaft des Lebensfeuers, das alle Wesen beseelt. Dieses Feuer theoretisch zu kennen, bedeutet, die intellektuelle Einweihung des ersten Grads zu besitzen. Der Adept geht noch weiter; er begnügt sich nicht damit, kühl zu diskutieren oder passiv zu betrachten. Er setzt sein eigenes inneres Feuer ein, das er nach und nach zu entfachen weiß während er selbst der Meister seiner Entwicklung bleibt.

So harmonisiert das Individuelle mit dem Universellen, der Schwefel 🜍 verbindet sich mit dem Quecksilber ☿, um das Agens zu erzeugen, durch das die Wunder der Großen Kunst vollbracht werden.

IV

Con tal foco lavora l'Arte seguace
D'infallibil Natura,
Ch'ove questa manco, quella supplisce:
Incommincia Natura, Arte finisce,
Che sol l'Arte dépura
Cio che a purgar Natura era incapace
L'Arte è sempre Sagace,
Semplice è la Natura, onde se scaltra
Non spiana una le vie, s'arresta l'altra.

Mit solchem Feuer arbeitet die Kunst, die der unfehlbaren Natur nacheifert, denn wo diese gebricht, tritt jene zum Ersatz. Die Natur beginnt, die Kunst vollendet, denn die Kunst reinigt nur allein das, was die Natur zu reinigen unvermögend war. Die Kunst ist immer spürend, und einfach ist die Natur, daher wenn eine die Wege verbaut, nicht bahnt, bleibt auch die andre stehen.

Das universelle vitale Feuer wirkt in der Natur auf eine gewissermaßen mechanische und gleichgütige Weise, nach allgemeinen Gesetzen, die sich nicht den besonderen Anwendungen beugen.

Es ist Aufgabe der Kunst, die natürlichen Kräfte zu kanalisieren, sie zu sammeln und zu akkumulieren, damit sie unter besonderen Umständen ihre maximale Wirkung entfalten können. Die Kunst ermöglicht es der Natur dann, sich selbst zu übertreffen.

V

Dunque à che pro tante sostanze, e tante
In Ritorte, in Lambicchi,
S'unica è la materia, unico il foco?
Unica è la Materia, e in ogni loco

L'hanno i Poveri, e i Ricchi,
A tutti sconosciuta, e a tutti inante.
Abjetta al volgo errante,
Che per fango a vil prezzo ogn'hor la vende,
Pretiosa al filosofo, che intende.

Wozu demnach so vielerlei Substanzen in Alembicken [Lambicchi] und Retorten, wenn die Materie nur eine, und nur eines das Feuer ist! Nur eine ist die Materie, und ist allenthalben, Reiche und Arme haben sie, aber sie wird von allen verkannt, wird von allen dem irrenden Pöbel überlassen, der für einen geringen Preis auf den Straßen dasjenige verkauft, was dem Weisen, der es kennt, unschätzbar ist.

Das universelle vitale Feuer, das in allen Dingen verborgen ist, ist das einzigartige Agens, mit dessen Hilfe der Adept agiert, um auf eine Materie einzuwirken, die ebenfalls einzigartig ist. Diese gewöhnliche Materie bietet sich dem Weisen von selbst an, und er findet überall einen Ort, an dem er seine Tätigkeit sinnvoll ausüben kann. Seine Kunst besteht darin, das zu Unrecht Geringgeschätzte hervorzuheben.

VI

Questa Materia sol tanto avvilita
Cherchin gl'ingegni accorti,
Che in lei quanto desian tanto s'aduna
In lei chuidonsi uniti, e Sole, e Luna,
Non volgari, non morti,
In lei chiudesi il foco, onde han la vita,
Ella dà l' acqua ignita,
Ella la terra fissa, ella dà tutto
Che infin bisogna a un intelletto istrutto.

Diese so gering geachtete Materie müssen die klugen Kopfe suchen, denn in ihr vereinigt sich alles, was sie wüschen; in ihr liegt beides Gold und Silber, obgleich nicht gemeines, nicht totes, verschlossen. In ihr steckt das Feuer, wovon diese Metalle das Leben haben; sie gibt das feurige Wasser, gibt die fixe Erde, gebt endlich alles, was ein Verständiger braucht.

Die Materie, die der Adept anwenden soll, ist nichts anderes als das, was man als Menschsein bezeichnen könnte, die eigentliche Substanz des menschlichen Genies. Sonne ☉ (Vernunft) und Mond ☾ (Vorstellungskraft) vereinen sich hier. Dort wohnt der freiwillige und sentimentale Lebenseifer (Feuer), und wir schöpfen aus ihm das magmatische Wasser (die mit aktiven Energien aufgeladene Lebensflüssigkeit) sowie die feste Erde (die Stabilität, auf der alles Handeln basieren muss).

VII

Mà voi senza osservar che un sol composto
Al Filosofo basta,
Più ne prendete in man Chimici ignari.
Ei cuoce in un sol vazo a i rai solari,
Un vapor, che s'impasta,
Voi mille paste al foco havete esposto.
Cosi mentre hà composto
Dal nulla il tutto Iddio, voi finalmente
Tornate il tutto al primitivo Niente.

Aber ihr, unwissende Scheidekünstler, bemerkt nicht, dass ein einziger Stoff dem Weisen genügt, und nehmt daher mehrere Materien zur Arbeit. Er kocht in einem einzigen Gefäße an den Sonnenstrahlen einen Dunst, der sich verdickt; ihr setzt tausend Massen ins Feuer, und da Gott alles aus Nichts zusammengesetzt, bringt ihr endlich alles wieder zum ersten Nichts zurück.

Das einzigartige Gefäß entspricht der Persönlichkeit des Adepten. Die Strahlen der Sonne sind die Schwingungen des Wortes, d. h. des universellen Lichts. Der sich verdichtende Dampf stellt die animalische Substanz dar, die zunächst diffus und dann immer konzentrierter ist, wodurch sie das Licht besser brechen kann. Der Autor spricht sich hier für eine rein initiatische Alchemie aus und bezeichnet die Unternehmungen der Bläser als verrückt.

VIII

Non molli gomme, od escrementi duri,
Non sangue, o sperma humano,
Non uve acerbe, o Quintessenze Erbali,
Non acque acute, o corrosivi sali,
Non vitriol Romano,
Arridi Talchi, od Antimoni impuri:
Non solfi, non Mercuri,
Non metalli del Volgo al fine adopra
Un' Artefice esperto à la grand'Opra.

Keine weiche Harze, oder harte Excremente, kein Blut, keinen männlichen Samen, keine saure Trauben, oder Quintessenzen aus Kräutern, keine scharfe Wasser oder ätzende Salze, keinen römischen Vitriol, dürre Schlacken oder unreines Antimonium, keinen Schwefel, keinen Merkur, und endlich keine Metalls der Profanen braucht ein erfahrener Meister zu dem großen Werke.

Diese Aufzählung scheint alle Arbeiten im Labor pauschal zu verurteilen. Der Autor ist ein rein spekulativer Alchemist, der das Große Werk auf eine Transmutation anwendet, die für die Menschheit von größerer Bedeutung ist als die Herstellung von Gold auf Kosten von Blei. Die metallurgische Symbolik ist in seinen Augen nur die Ausdrucksform, der äußere Rahmen, einer geheimnisvollen Esoterik, die ihrerseits die Prinzipien der hohen Mystik übersetzt, die das höchste Geheimnis aller Einweihungen darstellen. Sich innerlich zu reinigen, um hoch genug aufsteigen zu können, um sich des Feuers des Himmels zu bemächtigen, und dann die innige Vereinigung des Menschen mit Gott zu vollziehen – das ist das ewige Programm der Eingeweihten aller Zeitalter. Es geht ihnen nicht darum, einfach nur reich zu werden, um das Leben zu genießen und vulgäre Ambitionen zu verfolgen, sondern darum, sich die Intelligenz anzueignen, nach der die Welt aufgebaut ist, und sich zu Vollstreckern des Willens zu machen, der den Fortschritt steuert. Damit sind wir weit von allen Substanzen entfernt, die ein Chemiker verbinden oder zerlegen kann.

IX

Tanti misti à che prô? l'alta scienza
Solo in una Radice
Tutto restringe il Magisterio nostro.
Questa che già quai sia, chiaro v'hô mostro
Forse più, éhe non lice,
Due sostanze contien, c'hanno una essenza.
Sostanze, che in potenza
Sono Argento, e sono Oro, e in atto poi
Vengono, se i lor pesi uguagliam noi.

Wozu so viele Mischungen? die erhabene Kunst hat unser Magisterium ganz in einer einzigen Wurzel, in derjenigen, die ich euch vielleicht schon zu klar beschrieben habe. Sie enthält zwei Substanzen, die einerlei Wesen haben, Substanzen, die in ihrer Kraft Gold und Silber sind, und die dann zur Wirksamkeit kommen, wenn wir, ihre Gewichte gleich machen.

Um diese Strophe verständlich zu machen, beschränken wir uns darauf, die folgenden Prinzipien in Erinnerung zu rufen:

1°Das Magisterium führt alles auf eine einzige Wurzel zurück, die das schöpferische Licht ist.

2°In diesem Licht ist zu unterscheiden zwischen der schwingenden Bewegung, die durch die Sonne ☉ dargestellt wird, und dem schwingenden Medium, das dem Mond ☾ entspricht.

3°Diese beiden Faktoren des Lichts sind im Wesentlichen Gold (das feste Zentrum der Emanation, Strahlung und Wirkung) und Silber (die Substanz, die in Schwingung versetzt und zum Licht werden kann).

4°Sie werden in der Tat zu spirituellem Gold und animischem Silber, sobald das Silber genau auf den Patienten abgestimmt ist, denn dann werden die Bedingungen erfüllt, die für die Bildung eines harmonischen Wesens notwendig sind.

In diesem Fall kommt es zu einer Interferenz der beiden konstruktiven Prinzipien, nämlich dem Geist (☉, Säule Jachim) und der Seele (☾, Säule Boas), mit der konstruktiven Materie, die vom Körper (♁, Erde, grober Stein) bereitgestellt wird.

Dieses Ternär ergibt in seiner Kombination das Septenär der Metallskala, wie aus der beigefügten Abbildung hervorgeht, die gleichzeitig die Symbolik der Farben wiedergibt.

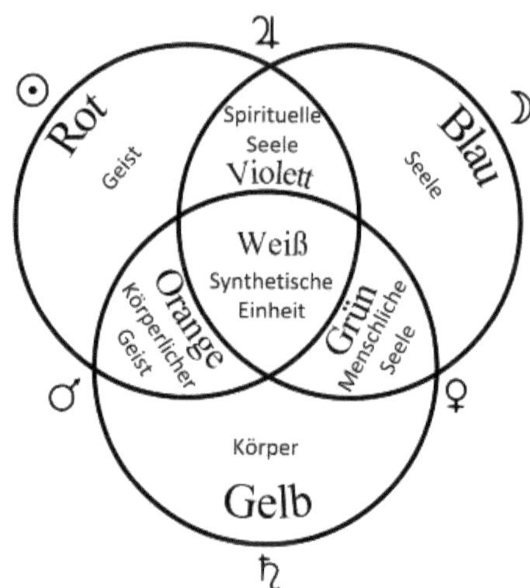

X

Si, che in atto si fanno Argento, e Oro
Anzi uguagliate in peso
La volante si fissa in Solfo aurato.
O Solfo luminoso, Oro animato
In te del Sole acceso
L'operosa virtù ristretta adoro.
Solfo tutto tesoro,
Fondamento de l'Arte, in cui Natura
Decoce l'Or, che in Elessir matura.

Sind sie so in Wirksamkeit, so werden sie Gold und Silber, auch an Gewicht denselben völlig gleich. Die flüchtige Substanz fixiert sich zum goldenem Schwefel: o lichtvoller Schwefel, beseeltes Gold, in dir bete ich die wirksame Kraft der flammenden Sonne an! Schwefel, ganz Kleinod, Fundament der Kunst, in welchem die Natur, Gold kocht, und zum Elixier zeitiget.

Letztendlich resultiert der höchste Schatz der Kunst aus der perfekten Harmonisierung von Geist ☉ und Seele ☾. Die Schwierigkeit besteht darin, die Harmonie in sich selbst zu verwirklichen, um so an der universellen Harmonie teilzuhaben; doch sobald diese individuelle Harmonie erreicht ist, findet eine Kristallisation um den ursprünglichen perfekten Würfel statt und der Adept erfüllt in seinem Umfeld die ihm obliegende Aufgabe des Transmutators.

Er übt eine Wirkung der Präsenz aus und harmonisiert durch die Tugend seiner persönlichen Harmonie seine Umgebung, indem er sein Licht verbreitet und andere dazu bringt, sich seiner Norm anzupassen. Dies ist das Ideal des wahren Weisen, dessen Werk umso wirksamer ist, je geheimer es bleibt. Unter seinen Zeitgenossen, die nicht ahnen, was sie ihm zu verdanken haben, bleibt er unbemerkt.

Die Vorsicht rät ihm, im Verborgenen zu handeln, denn jeder Adept, der sich verrät, weckt gefährlichen Hass.

Traum

Geheimnisvolle Schlussfolgerung

Die Psychoanalyse misst Träumen eine große Bedeutung bei, da sie die unbewusste Aktivität unserer Vorstellungskraft offenbaren. Wenn sie koordiniert sind und sich unserem Gedächtnis aufdrängen, sollten wir sie nicht verschmähen, besonders wenn sie Rätsel anbieten, die uns beschäftigen. Sollen sie uns nicht zum Nachdenken anregen und uns helfen, die Wahrheiten, die uns verwirren, klar zu erkennen?

Ein Schüler von Dr. Freud, Herbert Silberer, veröffentlichte 1914 in Wien ein gelehrtes Werk mit dem Titel „Probleme der Mystik und ihrer Symbolik“ (Hugo Heller), in dem Zitate aus der ersten Ausgabe (1910) des vorliegenden Werkes enthalten sind. Aus Studien, die mit der akribischen Ausdauer des deutschen Wesens betrieben wurden, geht hervor, dass das Programm der Einweihung nichts Willkürliches hat, da es aus unausweichlichen psychologischen Tendenzen hervorgeht. Introversion und Regeneration sind die Grundlage aller philosophischen Mystizismen und das schon seit den frühesten Zeiten, wie chaldäische Gedichte belegen, die vor fünftausend Jahren als sehr alt galten.

Was man sich merken sollte, ist, dass die Weisen aus den Epochen vor der Erfindung der Schrift dazu verdammt waren, sich hauptsächlich selbst zu unterrichten. Sie beobachteten und meditierten und ließen dabei auch ihre Träume nicht außer Acht. Diese legten ihnen neue Gedanken nahe und halfen ihnen bei der Lösung von Problemen, die sich ihnen stellten. Eine naive Methode, die jedoch in den Augen von Psychoanalytikern nicht wertlos ist. Die ersten Elemente des menschlichen Wissens sind die Kinder der durch Träume befruchteten Vorstellungskraft.

Die Poesie selbst entstand aus dem Traum, dem ursprünglichen Vorläufer aller Literatur, die vor ihrer Niederschrift mündlich erfolgte. In der Neuzeit inspiriert die nächtliche Arbeit der sich selbst überlassenen Vorstellungskraft einige Werke. Herbert Silberer analysiert das „Gleichnis“ im zweiten Teil des Buches „Geheime Symbole der Rosenkreuzer“, das von 1785 bis 1790 in Hamburg-Altona erschienen ist. Es handelt sich hierbei um einen Traum, in dem es um Alchemie geht. Dieses Beispiel ist jedoch keineswegs einzigartig, denn in den als hermetisch oder rosenkreuzerisch bezeichneten Phantastereien gibt es eine Fülle von Berichten, die Träume wiedergeben. Die Chymische Hochzeit von Christian Rosenkreutz stammt aus keiner anderen Quelle.

Die Qualität des Traums hängt natürlich vom Grad des Intellektualismus des Träumers ab. Wenn Goethes Fantasie während des Schlafs des Dichters an die Arbeit geht, kombiniert sie in ihren Bildern und Rätseln ein wunderbares Märchen, wie das der „Grünen Schlange".

Wir wollen uns nicht anmaßen, unseren eigenen Träumen einen ähnlichen Wert beizumessen, aber wir wollen nicht verschweigen, dass einige unserer Träume, die offensichtlich symbolisch waren, uns sehr zum Nachdenken angeregt haben. Es gibt einige, deren Bedeutung wir nach und nach erraten haben, abgesehen von einigen Details, die rätselhaft geblieben sind. Trotz unseres Scharfsinns bei der Interpretation von Symbolen hat unser symbolisierendes Bewusstsein nicht immer mit unserem symbolisierenden Überbewusstsein mithalten können.

So war es auch in Bezug auf den Traum, den wir aufgrund seiner Beziehung zur hermetischen Symbolik bitten, hier erzählen zu dürfen.

* * *

Als Zwanzigjähriger lebte ich in London, wo meine prosaischen Beschäftigungen im Widerspruch zu meinen fantasievollen Streifzügen standen. Ich träumte von Okkultismus und Theosophie, aber die Buchhaltung in Pfund, Schilling und Pence forderte meine ganze Aufmerksamkeit. Da ich abgelenkt war, arbeitete ich schlecht und fühlte mich deswegen schuldig. Ich konnte meinen Geist nicht zurückhalten, der mir entglitt. Mühsamer Zustand, Konflikt zwischen beruflicher Pflicht und Tendenzen, die stärker waren als ich. Wie sollte man sich entscheiden? In meiner seelischen Not wandte ich mich an das Gebet, obwohl ich in Glaubensfragen sehr ratlos war. Im Bereich des Unbekannten, sagte ich mir, kann es nicht sein, dass sich niemand für mich interessiert, und mein Verstand erinnerte sich an meine Mutter, die seit drei Jahren tot war. An einem Abend, an dem die Ungewissheit in Angst umschlug, flehte ich tief bewegt um Licht, bevor ich einschlief.

Als ich am nächsten Morgen aufwachte, war ich in Bezug auf meine Zukunft beruhigt: Ich hatte eine Orientierung erhalten. Ohne zu wissen, wohin die Reise ging, fühlte ich mich ermutigt, mit Zuversicht zu gehen. Was hatte ich also geträumt?

Eine große bemalte Leinwand zeigt sich mir in ihrem Rahmen. Ich erkenne ein Werk der französischen Schule, aber welchem Meister sollte ich es zuordnen? Das Bild, Farben und Ausführung betrachtend, erkannte ich meinen eigenen bescheidenen Stil als Amateur wieder. Wie konnte ich nur so meisterhaft malen? Ich hätte nie gedacht, dass ich dazu in der Lage wäre.

Aber was stellte das Motiv dar? Eine Landschaft, die von vielen Figuren belebt wird. An einem bewölkten Himmel erhellt die Morgendämmerung den fernen Horizont, der aus kahlen Feldern besteht, die von dampfendem Nebel bedeckt sind. Unter einem wolkenverhangenen Himmel erhellt die Morgendämmerung den fernen Horizont, der aus kahlen Feldern besteht, die von dampfendem Nebel bedeckt sind. Der Boden an dieser Stelle wurde nicht gepflügt, er ist mit kargem Gras bedeckt, das vom Frost gelb geworden ist.

Die Szenerie enthält Personen, die in einem weiten Kreis aufgestellt sind und auf etwas Außergewöhnliches zu warten scheinen. Ihre dunkle Kleidung hat einen Schnitt, der keiner bestimmten Epoche zuzuordnen ist. Einige scharlachrote Roben heben sich vom Schwarz der Menge ab und markieren eine Elite, von der sich noch einige wenige gelb drapierte Privilegierte abheben.

Die gesamte Versammlung richtet ihre Blicke auf die Mitte des Kreises, wo sich ein megalithisches Monument erhebt. Es ist eine offene Grabstätte, deren riesiger Grabstein wie ein schiefer Menhir nach hinten geneigt ist. Das Grab wird von einem Rand eingefasst, der an einen rechteckig ausgehobenen Brunnen erinnert, der tief zu sein scheint.

Aus dieser Tiefe erhob sich eine Tote, die aufrecht in der Leere stand. Ein langer weißer Schleier fiel von ihrem geneigten Kopf, und ihre Arme hingen unter einem Leinentuch.

Die Zuschauer betrachten das Geschehen benommen.

Aber hier verwandelte sich das Gemälde des Traums in lebendige Realität. Ein junger Mann löste sich aus der Menge. Er hatte das Aussehen eines Florentiner Schuljungen aus der Renaissance. Vor Energie vibrierend näherte er sich der Erscheinung, nahm sie an den Armen, zog sie zu sich und drückte ihr einen keuschen, aber leidenschaftlichen Kuss auf die Stirn.

Bei dieser Berührung strömte Leben in die Tote, sie atmete, während ihr Gesicht Farbe annahm. Ihre Augenlider öffneten sich und ihr Blick blieb mit dem Ausdruck großer, zärtlicher Dankbarkeit auf ihrem Retter haften. Einen Moment lang betrachteten sich die beiden Wesen liebevoll, ihre Seelen verschmolzen; dann zog sich der junge Mann zurück, um in der Menge unterzutauchen, aus der er gekommen war.

Die auferstandene Vestalin verließ daraufhin das Grab und machte drei Schritte nach vorne. Dann hob sie den Blick zum Himmel und ließ ihren Schleier fallen, genau in dem Moment, als die Sonne hervorkam und den ganzen Raum mit ihrer goldenen Pracht überflutete.

Die bis dahin bedrückte, unruhige und verständnislose Menge erwacht plötzlich freudig, endlich erleuchtet und für das Versehen zugänglich.

Ende